名师名校名校长

凝聚名师共识
团结名师关怀
打造名师品牌
培育名师群体

顾明远题

花开有期

幼小衔接主题活动课程研究

罗荣辉 / 主编

中国文联出版社

图书在版编目（CIP）数据

花开有期：幼小衔接主题活动课程研究 / 罗荣辉主编.
北京：中国文联出版社，2024. 9. -- ISBN 978-7-5190-5613-1

Ⅰ. G613

中国国家版本馆CIP数据核字第2024B9P511号

主　　编　罗荣辉
责任编辑　刘　旭
责任校对　秀点校对
装帧设计　刘贝贝　李　娜

出版发行　中国文联出版社有限公司
社　　址　北京市朝阳区农展馆南里10号　　邮编　100125
电　　话　010-85923025（发行部）　010-85923091（总编室）
经　　销　全国新华书店等
印　　刷　三河市龙大印装有限公司

开　　本　710毫米×1000毫米　　1/16
印　　张　17
字　　数　294千字
版　　次　2024年9月第1版第1次印刷
定　　价　58.00元

编 委 会

主　编： 罗荣辉

副主编： 梁凤云　王林可

编　委： 杨　阳　陈　玲　尹　姿　谭　笑
杨　睿　杨丽华　叶容容

前言

幼小衔接是学前教育界备受关注的一个话题，也是世界教育研究的重要课题之一。我国从20世纪90年代开始，先后颁布了多个学前教育政策性文件，明确指出“幼儿园教育应和小学密切联系，相互配合，注意两个阶段教育的相互衔接”“幼儿园与家庭、社区密切合作，与小学相互衔接，综合利用各种教育资源，共同为幼儿的发展创造良好的条件”。但因多种因素的影响，幼小衔接的问题一直没有得到有效解决，成为学前教育难以突破和亟待解决的瓶颈问题。 2020年，在怀化市教育科学研究院的推动下，小学和幼儿园教研员、主城区小学校长、业务副校长以及幼儿园园长、业务副园长举行了幼小衔接座谈会。会上，校、园长们就当前幼小衔接存在的问题、两个学段的教学方式和一日作息的差异性、幼儿园小学化等问题进行了相互交流沟通，双方提出了各自的困惑与观点，增进了彼此的了解，并一致认为幼小衔接工作意义重大且迫在眉睫。基于此，我开始认真思索：什么样的幼小衔接才是科学有效的衔接？如何扭转幼儿园、小学教师及家长错误的教育观与行为？如何减缓幼儿园与小学教育的坡度，让幼儿自然平稳过渡？带着这些思考，由我牵头申报了湖南省“十三五”教育规划课题“幼小科学衔接的实践研究”，学前教研员和小学教研员、主城区两所小学和两所幼儿园共同参与了课题研究，开启了为期三年的实践研究之路。2021年，教育部颁布了《教育部关于大力推进幼儿园与小学科学衔接的指导意见》（以下简称《指导意见》），主城区两所实验园和实验校成功申报了湖南省游戏活动与幼小科学衔接双项试点，于是我们将课题研究与试点工作齐头并举、融合推进，扎实做好幼儿入学准备和入学适应教育。

第一阶段（2020年3月—2021年3月）学习培训、更新理念、发现问题、寻找对策

1. 学习培训，转变理念

一是学政策。梳理解读了《3—6岁儿童学习与发展指南》（以下简称《指南》）、《指导意见》等幼小衔接相关政策，转变观念、明确任务和目标。二是查文献。深入了解国内外幼小衔接领域的研究经验和成果，找到灵感与线索，提供指引。三是读书籍。在《幼小衔接课程指引》《入学早知道》等书籍中找到幼小衔接组织实施的有效策略。四是通过园内园外、线上线下的混合学习模式，向发达地区的名园取经求道，汲取幼小衔接实践的好经验、好做法，持续为教师赋能。通过学习，教师的观念发生了明显转变，树立了“三全”理念：

（1）全面衔接。幼小衔接不单纯是知识的衔接，还是身心发展、生活能力、社会适应、学习品质等方面的衔接。

（2）全程衔接。幼小衔接不是到大班下学期才开始衔接，而是渗透到三年幼儿园的学习生活中，为幼儿入小学做准备，培养促进幼儿终身发展的品质和习惯。

（3）全力衔接。幼小衔接不是幼儿园一方做努力，而是教育行政部门、教研部门、幼儿园、小学、家长、社区等共同努力，形成教育合力，建立良好的幼小衔接生态。

2. 找准问题，精准发力

针对实验园和实验校，课题组分别对217名幼儿、家长，118名幼儿园教师及320名小学一年级学生、家长，60位教师进行了问卷调研和访谈，从家长、幼儿、教师三个维度全面了解幼小衔接存在的问题与困惑，摸准幼小衔接的现状，找准切点、理清思路，形成相应对策和行动路径，做到精准发力。

第二阶段（2021年4月—2022年4月）健全机制、完善课程、深化研训、稳步推进

1. 健全机制，形成合力

建立由幼儿园、小学教师及家长、教研人员等共同组成的幼小衔接工作小组，做好顶层设计，加强科学谋划和整体推进。建立幼小联合教研机制和家园校社协同机制等，打造学研共同体，形成教育合力。

2. 重构课程，稳步实施

将幼小衔接目标、内容融入幼儿园整体课程体系中，重塑目标体系、内容体系和评价体系。坚持以一日生活为主线，落实课程游戏化、生活化和多元化，促进儿童全面发展，为入小学做好身心、生活、社会、学习准备。

3. 研训一体，突破难点

分别成立三个子课题组，在全面衔接的基础上，侧重生活自理能力、社会性发展和学习品质等方面的研究。这一阶段各研究小组分别制订研究计划，定期进行交流汇报，针对实验中的难点问题进行联合研训。

第三阶段（2022年5月—2023年5月）收集资料、总结经验、梳理成果、推广示范

我们对升入小学的一年级学生进行跟踪调查，检验三年课题实验的成效。收集整理过程性资料，撰写课题结题报告，总结提炼课题成果，做好课题结题工作。编写《花开有期——幼小衔接主题活动课程研究》，形成课程资源，并对课题研究成果加以推广应用。

此书的形成是课题组成员在认真梳理过程性资料的基础上，经过反复研讨、总结、提炼而成。为了如期完成编写任务，我们组建了理论组、环境组、活动组、主题组、协同组、案例组6个小组，每一个小组负责一个章节内容的梳理与撰写。所以这本书凝聚着所有参研人员的心血与智慧，也是课题组三年实践研究的成果。它共分为六章：

第一章是幼小衔接概述。由我负责梳理与撰稿，主要阐述了幼小科学衔接的概念与内涵、幼小衔接的教育价值，分析了当前幼小衔接的主要困境与原因，并针对困境提出解决应对的策略。

第二章是幼小衔接背景下幼儿园环境创设。由怀化师专教师谭笑完成，从室内外环境一体化建设和家庭环境创设入手，介绍了环境创设的基本原则及室内外环境创设、材料投放的基本方法与策略，通过幼儿与环境的有效互动促进幼儿全面发展，做好入学准备和适应教育。

第三章是一日活动中的幼小衔接。这一章由我和怀化师专谭笑老师共同完成，详细阐明了幼儿园一日活动的内涵及一日活动的反思调整、具体组织实施策略等，非常清晰明了，操作性极强。

第四章是幼小衔接主题活动。由怀化市幼儿园保教主任杨阳、年级组长杨睿、杨丽华、叶容容为主编写，梳理了小、中、大三个年龄段共8个主题活动的网络框架和主题目标，呈现主题框架下融生活活动、游戏活动、主题教学活动、体能活动为一体的幼小衔接教育模式。其中活动案例由姚沣桐、宁婧霞、魏雅茹、杨小爱、扶满、李军、吴委蔚、欧雅雯、邓艳芳、陈玫君、唐仲华、明磊、胡晶莹、张雪梅、高敏敏、宗泉秀、刘晋等20位老师提供。

第五章是家园校三位一体促幼小衔接。这一章由怀化市幼儿园副园长王

林可和湖天园区保教主任尹姿老师梳理与撰写。重点阐述了家园校打造学研共同体，多边协同发力做好幼小衔接，形成良好教育生态等，包含“家园携手共育”“幼小牵手共促”两个章节，提供了大量图片和具体实施方案。

第六章是幼小衔接实施案例。由怀化市幼儿园业务副园长梁凤云指导杨丽华、姚沣桐、王琴、彭婷、欧雅雯、朱丽莉等几位教师完成，这些案例均以故事描述的形式记录了真实的场景及教师的分析解读、反思对策，不仅让幼小衔接工作更加具体化、形象化，也为教师在一日生活中了解、支持幼儿学习与发展起到积极的作用。生动展现了幼小衔接教育的过程及幼儿的发展和教师的智慧。

撰写这本书最初的目的是总结提炼课题实践研究的成果，在区域内进行交流、推广，为学前和小学幼小科学衔接工作提供借鉴经验，更好地以高质量幼小衔接促进儿童从幼儿园到小学平稳过渡和可持续发展。所以这本书具有以下特点：

一是基于儿童本位。儿童本位并不是一味迎合儿童，而是一切以儿童的需求为基点，以他们的视角看待任何问题。环境创设、课程设置和教育活动的设计均遵循儿童身心发展的规律，依据小、中、大幼儿不同年龄特点和兴趣，各有侧重、因材施教，使活动更具适宜性、趣味性和游戏性。同时，强调教师在教育实践中多观察、倾听儿童的观点或意见，在了解儿童的基础上给予支持与回应。

二是基于儿童发展。儿童全面而持续的发展始终是教育的出发点和落脚点。注重将幼儿衔接目标、内容、评价纳入小、中、大整个课程计划中，既有专门设计的幼小衔接主题活动，也有从入园到晨谈、集体教学、区域游戏、户外游戏等一日活动中的幼小衔接渗透，目标和内容上层层递进，关注发展的连续性。同时，衔接的视角是全方位的，既有知识技能的衔接，也有身心、生活、社会、学习习惯等方面的衔接。

三是基于协同发力。本书让大家看到，科学的幼小衔接必须以幼儿园“送一程”、家长“陪一程”、小学“借一程”的形式自然过渡。家、园、校三方只有同向发力，才可能让幼小科学衔接真正落地。所以本书介绍了家、园、校三位一体共学、共悟、共研、共育等实施策略，既有理论阐述，又有具体案例和图片呈现，浅显易懂，操作性和实用性较强。

罗荣辉

2023年6月28日

第一章　幼小衔接概述

第二章　幼小衔接背景下幼儿园环境创设

第三章　一日活动中的幼小衔接

第四章　幼小衔接主题活动

第五章　家园校三位一体促幼小衔接

第六章　幼小衔接实施案例

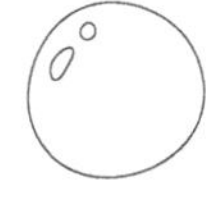

第一章 幼小衔接概述

人的一生会经历很多次衔接，如幼小衔接、小初衔接、初高衔接、高大衔接，等等。而幼小衔接是人生中第一个关键转折点，也是整个教育过程中最重要且最薄弱的衔接环节。解决好幼小衔接的问题，不仅可实现从幼儿园到小学的自然过渡，推动人的可持续发展，同时能深化基础教育课程改革，促进学前教育高质量发展。

第一节　幼小衔接的内涵与特征

幼小衔接是什么？搜索百度，“衔接”一词释义为“互相连接”。在教育领域，幼小衔接是指幼儿园教育和小学教育的相互连接。其实质是帮助孩子实现从幼儿园到小学的自然过渡，促进儿童在思维方式、学习习惯、社会技能、身心成长等方面的可持续发展。可见，幼小衔接具有童年生活延展的功能，短期目标是为儿童上小学奠定基础，做好入学准备与适应，而长期目标则指向孩子的终身发展，为未来奠基。所以科学的幼小衔接应该具有以下四个特征。

一、双向性

幼儿园教育和小学教育都是高质量教育体系中的重要组成部分，因两个学段的儿童身心发展特点不尽相同，二者在教育性质、课程设置和教学方式上都带有各自明显的特征。比如幼儿园属于非义务教育阶段，要求“保教并重”，以游戏为基本活动，而小学是义务教育阶段，要求“以教为主”，以上课为基本活动，这种差异所形成的坡度虽不可过分夸大，但也不容忽视。我们必须在既尊重儿童的原有经验和发展差异的同时，也关注儿童发展的连续性，一方面幼儿园需向小学靠拢，另一方面小学也应该放慢脚步，减缓教学进度，在教学方法和教学内容上向幼儿园靠拢，而不是幼儿园单方面的“剃头挑子一头热”。

二、整体性

据有关研究表明，幼儿入小学适应困难与孩子健康的身体、良好的情绪、学习的兴趣、和谐的人际关系、独立自主的生活能力等关系密切，所以幼小衔接并非仅偏重某一方面的衔接，而应关注儿童发展的整体性，帮助儿童做好身心、生活、社会、学习等方面的准备与适应。但因受传统教育观念的影响，家长和教师在衔接中偏重知识准备的倾向较为严重，以超前教育替代全面准备，而在身体、态度、人际关系、生活自理能力等方面准备较为缺失，这是极不可取的。

三、协同性

南京师范大学的虞永平教授认为：只要幼儿园老师积极鼓励，小学老师笑脸相迎，家长真心陪伴，孩子就能顺利地实现幼小衔接。这说明科学的幼小衔接不是靠哪一所幼儿园或小学所能解决的，必须行政、教研、幼儿园、小学多方统筹联动，家园校社协同共育，才能形成强大的教育合力，理解并遵循幼儿身心发展规律和学习特点，共同营造有利于幼儿适应小学生活的积极氛围，整体推进幼小衔接，形成良好的科学衔接生态。

四、全程性

入学准备教育是一个循序渐进的过程，并非只在大班才进行突击衔接，而应贯穿到幼儿园三年的学习生活中去，根据各年龄段幼儿的特点，在全面准备的基础上又做到各有侧重。比如：小班侧重培养幼儿健康的体魄、积极的情绪、良好的生活习惯等，中班侧重幼儿社会交往能力，大班侧重培养规则意识、专注坚持等学习品质，从而三年贯通，达到全程衔接的目的。

第二节　幼小衔接的教育价值

我们曾经对部分刚上一年级的孩子进行过访谈："上小学好玩还是幼儿园好玩？为什么？"孩子们基本上都兴致勃勃地回答："上小学好玩！因为小学可以做自己想做的事情，没有老师时刻跟着。"还有的回答："可以认识很多新朋友，学到新的文化知识……"可一个月后，孩子们的新鲜劲儿消退，再对这些孩子进行访问，他们便有些垂头丧气："每天做作业太慢，做到很晚才能睡觉""班上同学都不跟我玩"等等。这些现象追根溯源都是幼小衔接出现了问题，那幼小衔接真的这么重要吗？它的意义和价值有哪些呢？

一、建立幼儿对小学生活的期待与向往

当幼儿对小学生活充满憧憬与向往时，孩子就有了想当一名小学生的情感动力。科学的幼小衔接往往能敏锐地抓住孩子对小学生活的兴趣点，通过参观小学、体验小学生活、绘制小学地图、采访小学生等激发幼儿上小学的意愿，并让幼儿有机会获得对小学的积极情感体验，建立入学期待。同时，也要正确引导孩子面对小学学习生活的挑战，缓解入学焦虑和负面情绪，积极、阳光、自信地开启小学学习生活，激发做一名小学生的自豪感。

二、增强幼儿对小学生活的适应性

"适应性"可以理解为能力，是个体在社会环境变化中，其生存与发展目标产生变化的能力。孩子从幼儿园进入小学，在教育环境、人际关系、学习内容、学习方式、行为要求和社会期待等方面都会发生较大的改变，幼儿不仅存在学习适应、环境适应的问题，还存在人际适应、角色适应等问题。有研究表明，幼儿对小学生活的适应性直接影响幼儿的学习成绩、人际关系及心理状

态。而幼小衔接是提高儿童入学适应程度和健康发展的重要途径。如果衔接不当，就会造成幼儿自信心不足、心理压力大、精神状态差、自卑、厌学等现象，导致幼儿身心受挫，甚至影响幼儿一生的发展。

三、促进孩子全面和谐发展

《指南》中明确指出：幼儿园教育以为幼儿后继学习和终身发展奠定良好素质基础为目标，以促进幼儿体、智、德、美、劳各方面的协调发展为核心。科学的幼小衔接往往基于幼儿的全面发展，关注儿童发展的整体性和连续性，坚持身心准备、生活准备、社会准备、学习准备四个方面的有机整合和渗透。它不是片面追求知识技能的超标学习和强化训练，而是重视幼儿在知识技能、情感、心理、习惯等方面的发展与过渡。

第三节　当前幼小衔接的困境与反思

近年来，随着“教育高质量发展”目标的提出，学前教育由原来的“幼有所育”转向“幼有优育”，科学做好幼小衔接工作，严禁“小学化”倾向，成为当下学前教育改革的重点工作。很多幼儿园从不同的角度开展了幼小衔接的实践研究，取得了一些成效，但仍存在协同不够、措施不力、效果不佳等问题，造成孩子入学不适，出现心理压力过大、认知兴趣下降、自信心减弱等不良现象。究其原因，主要有以下几方面因素。

一、家长认知偏差和焦虑心理是幼小衔接难以顺利推进的关键

众所周知，家长是孩子的第一任教师，也是终身教师，家长的教育观念和行为在很大程度上影响着幼小衔接的质量。在前期调研中，我们发现一部分家长因受传统教育观念的影响，重知识技能轻全面发展，重短期成效轻长远发展，片面地将“幼小衔接”理解为知识的承接，引发了公办园大班“转学热”和“幼小衔接班热”等现象；还有的家长对幼小衔接主要内容界定不清，不了解幼小衔接的重点及有效方法，表现出迷茫、焦虑、跟风等状态，导致幼儿园“小学化”愈演愈烈。

二、幼小各行其道缺少合作，导致教育要素对接错位

幼儿园与小学两个学段在教育性质、教育方式、课程安排等方面都不尽相同。幼儿教育强调学乐结合、游戏为主，小学则强调系统学习、上课为主，造成幼、小两个学段之间的特殊性和差异性。为了实现幼小自然过渡，教育部颁布的《指导意见》明确规定幼儿园应做好入学准备教育工作，小学要做好入学适应教育，两者之间要相互衔接、自然过渡。然而近年来，幼小衔接的氛围虽

越来越好，但仍然是幼儿园占主动，而小学很少考虑初入学孩子的身心特点，自觉向下对接，再加上缺少幼小长效合作沟通机制及教研共同体的专业引领，基本还是各行其是、各搞一套，造成教育对接错位。比如小学的教师反映幼儿园的孩子上课不守纪律、自我服务能力差、物品丢三落四，幼儿园的老师则反映小学教师拼音教学进度过快、作业偏多、没有学过拼音的孩子上小学跟不上，等等。

三、教师观念有所更新，但缺乏切实可行的行动路径与策略

近年来，通过幼小衔接相关政策的学习与宣传，教师对幼小衔接的重要性有了一定的认识，科学衔接观念在逐步形成。但由于教师缺乏将科学准备理念转化为清晰行动路径和策略的能力，没有构建符合幼儿年龄特点的课程体系、推动机制和多边协同机制，导致幼小衔接呈现出碎片化、形式化、随意化等特点，偏离了幼小科学衔接轨迹。不少幼儿园虽然开展了幼儿入学准备工作，但往往是以几次活动代替衔接，缺乏幼小衔接教育的整体设计，没有真正将幼小衔接的目标与幼儿园整体教育目标通盘考虑，落实到一日活动并分解到小中大各年龄段中去，导致幼小衔接工作难以达到预期效果。

四、协同机制不够健全，幼小衔接浮于表面

幼小衔接工作的推进，仅靠理念的支撑和政策的引导是不够的，需要站在儿童持续发展的角度，深入探索幼小衔接制度保障机制，形成由政府牵头组织，教育行政部门、教研部门、家园校社统筹联动，多方教育资源协同的育人机制，确保幼儿园、小学两个学段的衔接工作能顺畅推进。但在具体实施过程中，由于缺乏顶层强力推动，在育人理念、课程实施和联合教研等方面均缺乏相应保障，致使合作与互通流于表面，无法真正有效解决幼小衔接面临的深层次问题。

第四节 幼小科学衔接的组织与策略

幼小衔接最终的目的是促进儿童的生命成长，全面提升儿童的健康力、生活力、社会实践力和学习力，为后继学习和终身发展奠基。基于这样的目的，我们聚焦幼小衔接核心问题展开了幼小衔接行动。

一、学习蓄力，树立幼小衔接科学理念

理念是实践的先导，开展科学的幼小衔接，首先要强化学习培训，巧用多种平台，创新学习载体，帮助学前、小学教师及家长树立正确的幼小衔接理念，确保幼小衔接实践沿着科学健康的方向发展。

一是巧借培训项目“共学”。积极开展校、园长幼小衔接研修及学前、小学骨干教师项目培训活动，通过政策解读、专题讲座、交互观摩等形式明理念、强共识、找支撑、把方向，增进两个学段教师的相互了解，明确学前、小学各自任务，掌握科学衔接的理念、内容和方法。

二是巧借培训系统“共智”。利用互联网便捷的特点，定期组织线上学习，不断转变教师和家长的儿童观、课程观、教育观。

三是巧借好书好文“共识”。建立幼小衔接微信群，开展读书分享活动，让教师、家长从书中汲取幼小衔接案例的成功经验，树牢儿童为本的理念，认同儿童游戏和生活中的学习价值。

四是巧借家长学校“共情”。幼儿园、小学充分利用家长学校和定期组织的线上线下专题讲座和圆桌会议，发放宣传手册，引导家长认识幼小衔接“误区”，提升家庭教育水平，逐步扭转家长“唯分数论”的错误观念，自觉抵制“小学化”倾向，关注儿童的全面发展，营造幼小科学衔接的良好教育生态。

二、课程着力，落实幼小衔接目标任务

课程是落实幼小衔接教育目标的载体，幼儿园应将幼小衔接目标内容纳入幼儿园整个课程体系中通盘考虑，重构“儿童为本、立体融合、科学衔接”的目标、内容及评价体系。在一日活动中促进幼儿全面发展，充分做好入学准备。

一是重塑目标体系。课程目标是课程运行的指南。我们在遵循国家关于幼儿园“对幼儿实施德、智、体、美、劳诸方面全面发展的教育，促进其身心和谐发展”总目标的基础上，结合怀化市幼儿园“让每一个孩子成为积极主动的学习者”的课程理念和愿景，将入学准备目标融入学前整个课程目标体系。认真学习、比对《指南》中五大领域目标、教育建议与《小学入学适应教育指导要点》（以下简称《小学指导要点》）中身心、生活、社会、学习四个方面的发展目标、具体表现、教育建议，找准其中关联点，把握关键素质，重塑幼儿园课程总目标、各年龄段目标、主题目标及活动目标，形成适合本园的课程目标体系。

以怀化市幼儿园课程目标体系为例：

课程理念：让幼儿成为主动学习者

课程总目标：通过课程的实施，促进儿童身心成长、生活成长、社会实践成长、学习成长，使之成为“乐动、乐群、乐学、乐创”的新时代儿童。

年龄段目标与主题目标、活动目标（表1–4–1）：

表1–4–1　年龄段目标与主题目标、活动目标

领域	发展目标	年龄段	年龄段目标	主题名称	主题目标	活动名称	活动目标
健康领域	1.健康体态	小班	1.身高体重适宜3至4岁儿童。 2.在提醒下能自然坐直、站直	我是健康小宝贝	1.知道身高体重的重要性，了解合理饮食能让身体健康。 2.养成坐、站良好的体态习惯	我的身高和体重	1.感受测量的乐趣。 2.认识体重计和身高测量仪器。 3.知道身高体重的重要性，了解合理饮食能让身体健康

续 表

领域	发展目标	年龄段	年龄段目标	主题名称	主题目标	活动名称	活动目标
健康领域	1.健康体态	小班		我是健康小宝贝		漂亮的姿势	1.培养良好的体态习惯。 2.养成坐、站的正确姿态。 3.知道不正确的姿势对身体有害
		中班	1.身高体重适宜4至5岁儿童。 2.在教师提醒下能保持正确的站、坐、行的姿势		1.了解身高体重，判断身高体重是否标准。 2.保持正确的坐、立、行的姿态	身高体重标准吗？	1.体验帮助别人的乐趣。 2.了解自己的身高体重，判断身高体重是否标准
						正确坐立行	1.知道正确的身体姿态对人体生长发育的影响。 2.培养幼儿注重细节的品质。 3.掌握正确的坐、立、行的基本要领
		大班	1.身高体重适宜5至6岁儿童。 2.经常保持正确的站、坐、行、读写的姿势		1.对比以往的数据，感到自己身高体重随着年龄增长不断变化。 2.培养正确的坐、立、行、卧、读写的姿势	身高体重比一比	1.尝试量一量、称一称，体验相互测量的乐趣。 2.对比以往的数据，感到自己的身高体重随着年龄增长不断变化。 3.探索交流如何保持正常身高体重的方法

续 表

领域	发展目标	年龄段	年龄段目标	主题名称	主题目标	活动名称	活动目标
健康领域	1.健康体态	大班		我是健康小宝贝		正确的学习姿势	1.培养幼儿良好的学习习惯。 2.养成读书、写字、听课等正确的姿势
	2.情绪良好	小班	1.情绪比较稳定，很少因小事哭闹不止。 2.有比较强烈的情绪反应时，能在教师安抚下逐渐平静	做情绪的主人	1.知道开心和生气两种情绪。 2.保持愉快的心情，懂得愉悦的情绪有益于身体健康	开心的事	1.感受开心情绪，并能用合适的方式表达。 2.能够愉快地和同伴游戏，并体验其中的快乐。 3.知道愉快的情绪有益身体健康
						生气了	1.通过演演、画画、说说表达自己的情绪。 2.学习用适当的方式帮助自己缓解不良情绪。 3.知道不良情绪对身体有害
		中班	1.经常保持愉快的情绪，不高兴时能较快缓解。 2.有比较强烈的情绪反应时，能在成人提醒下逐渐平静下来。		1.了解喜怒哀乐等不同情绪，会判断不好的情绪和好的情绪。 2.了解各种情绪对健康的影响	指偶游戏：情绪小人	1.借助“指偶”表达、表现开心、生气、悲伤等多种情绪。 2.愿意与同伴分享自己的情绪。 3.了解不同情绪对健康的影响

续 表

领域	发展目标	年龄段	年龄段目标	主题名称	主题目标	活动名称	活动目标
健康领域	2.情绪良好	中班	3.愿意把自己的情绪告诉亲近的人，一起分享快乐或求得安慰	做情绪的主人		生气了，怎么办?	1.知道生气是一种不良情绪。 2.愿意用多种方法调节生气的情绪。 3.愿意用语言表达自己的情绪，并保持愉快的情绪
		大班	1.经常保持愉快的情绪。知道引起自己情绪变化的原因并努力缓解。 2.表达情绪的方式比较适度，不乱发脾气。 3.能随着活动的需要转换情绪和注意		1.经常保持愉快情绪，并能对自己的情绪做出确切表达。 2.学会用多种方式表达情绪和控制自己的不良情绪	情绪博物馆	1.正确认识开心、悲伤、紧张、愤怒、嫉妒等多种情绪，学会观察表情辨认和判断几种情绪。 2.能对自己和他人情绪做出表达，想办法帮助他人缓解不良情绪。 3.在观察、感知、辨认、判断中提高幼儿观察力、情绪识别力
						情绪小怪兽	1.认识到每个人都有不好的情绪。 2.对情绪进行分类。

续 表

领域	发展目标	年龄段	年龄段目标	主题名称	主题目标	活动名称	活动目标
健康领域	2.情绪良好	大班		做情绪的主人		情绪小怪兽	3.学会对自己的不良情绪进行适度表达或通过多种方式转移自己的情绪
	……	……	……	……	……	……	……

二是建构内容框架。课程内容是课程目标的体现和依托。在选择课程内容时，我们基于儿童发展，对照课程目标体系，以一日活动为主线，建立游戏化、生活化、多元化的课程内容体系，促进儿童在一日生活和游戏中落实全面发展的目标。如怀化市幼儿园的课程内容框架：

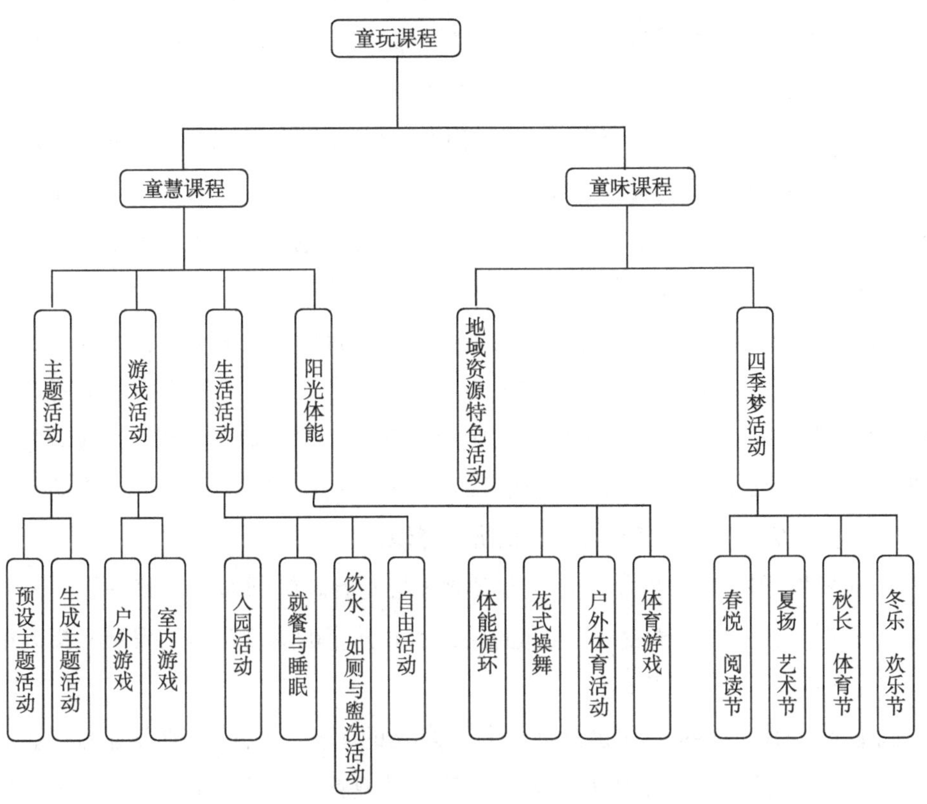

图1-4-1　幼儿园的课程内容框架

在主题教育活动中，我们根据幼儿年龄特征和需求，采取预设和生成相结合的方式开展了小中大主题套餐，如小班的“我上幼儿园”“我们爱运动”“保护好自己”，中班的“我升中班了”“能干的我”“运动小达人”“灵巧的小手”“整理小能手”，大班的“我要上小学啦”“有趣的体育项目”“做事不拖沓”“安全小卫士”等入学准备活动，小学则建构“我的新学校”“学校里的故事”等适应课程，使幼小衔接内容真正与幼儿园、小学教育教学相融合。

三是优化组织实施。课程组织实施就是创设良好的课程环境，使课程兴趣化、有序化、结构化，有效落实课程目标的过程。

① 创设开放融合的衔接空间，引发儿童体验与探究。如幼儿园积极打造自然、童趣、开放、多元的室内外环境，引发幼儿与材料的互动，形成主动探究—发现问题—解决问题—反思分享—经验提升的学习路径。利用公共区和区角创设小学生活场景，提供红领巾、书包、学习用品等材料，引发幼儿模拟上课情景，在游戏中进行角色体验。小学则创设一定的游戏区域，提供一定数量的玩具和材料，开辟种植角、饲养角、阅读角等，真正改变小学教学方式，落实探究式、体验式学习。

② 在一日活动中落实衔接目标。细化一日活动常规要求，明确各环节教师的指导任务和幼儿行为要求。如入园环节，我们细化“幼儿有序排队，主动且有礼貌地与人打招呼，按预设路线进入班级，将书包整齐放置书包柜，自己换鞋并将鞋子对应放入鞋柜”等具体要求，培养幼儿自理能力和规则意识；晨间环节细化“幼儿自主签到，进行植物观察记录，自助早餐和清晰流畅地进行晨间播报”等要求，培养幼儿良好的书写习惯、语言表达能力和自我服务意识；游戏环节则明确“自主选择材料、大胆探索创造、进行安全预判、自我调整游戏行为，进行材料整理收纳、表征反思及一对一倾听”等要求，培养幼儿创造、反思、表征、分享等能力和自我防护意识。

③ 发展教师专业能力，支持儿童学习与发展。教师通过观察—解读—判断—回应的方式，追随儿童兴趣和需要，引导儿童的深度学习与发展，提高组织实施的科学性和有效性。

④ 改变评价标准。评价是促进儿童发展的手段，也是教师必备的专业能力。我们在整合园、校、家长、教研员等多种教育资源的基础上，组建了评价小组，参考《指南》《小学指导要点》《幼儿园保教质量评估标准》及幼儿园

自身的课程目标内容，科学制定了儿童发展评价标准与方法，涵盖身心成长、生活习惯、社会性发展、学习能力等方面内容及38个评价点。如表1-4-2的怀化市幼儿园大班儿童发展评估标准。

表1-4-2 怀化市幼儿园大班儿童发展评估标准

A1健康领域	B1健康体态	C1能经常保持正确的坐、立、行及读书和写字的姿势
	B2情绪良好	C2能经常保持积极、愉快的情绪，知道引起情绪的原因
		C3不乱发脾气，不迁怒于他人，具备一定的情绪调控能力
	B3喜欢运动	C4喜欢运动，积极参加多种形式的户外活动，持续半小时以上，生病少、缺勤少
	B4动作协调	C5跳跃、攀爬、躲闪等动作协调灵敏，有较强的平衡力、力量和耐力
		C6在规定的时间内完成连续行走、单腿跳、跳绳、拍球及悬吊等动作
		C7手部动作协调，能正确使用画笔、剪刀、筷子等，熟练进行画、剪、折、粘、拼等活动
	B5生活习惯	C8能保持规律作息，坚持早睡早起、睡眠充足
		C9能保持良好的个人卫生，有饭前、便后、外出回来自觉洗手的习惯
		C10有保护视力的意识，不在光线过强或过暗的环境中读、写、画。不连续使用电脑和手机
	B6生活自理	C11能做好个人生活管理，按需喝水、如厕、增减衣服
		C12坚持自己的事情自己做，会自己系鞋带，分类整理和保管自己的物品，如衣物、玩具、学习用品等
		C13有初步的时间观念，按时作息，做事不拖沓
	B7安全防护	C14有自我保护意识和能力，了解并遵守幼儿园、社区、交通等环境中的安全要求和规则
		C15运动时能注意安全，进行安全预判，不给自己和他人带来危险
		C16遇到危险时知道如何自救，如不给陌生人开门、向成人求助或拨打相关求助电话
	B8参与劳动	C17能主动承担并完成分餐、清洁、整理及劳动
		C18能做一些力所能及的家务劳动
……	……	……

为了对儿童学习与发展进行全面、客观、真实的评价，我们通过教师、家长的日常观察、评价小组的半日观察及《成长档案》等多种方式，多角度、全方位收集幼儿信息，了解幼儿的真实情况和实际发展水平，进行综合分析评估。在教师评价中我们采取以教师自我评价为主，园方日常观察、评价小组集中观察为辅的方式，对教师理念、师生互动、儿童发展等进行综合评价，这样更有利于自评与他评相结合，通过内力驱动、外力激励带领教师走上自我诊断、自我反思、自主成长之路。

三、机制发力，推动多边协同育人

幼小衔接应引起政府、教育主管部门、教研部门、社会的高度重视，充分发挥决策、监督、指导、控制等作用，引导家长、幼儿教师、小学教师积极配合。

（一）建立多边联动机制

成立幼小衔接专家组，邀请教育行政部门、教科院、学前教育、义务教育、家庭教育专家助力，形成行政推动、教研支持、家园校共同参与的工作机制，达成衔接共识，打破教育壁垒，科学地做好课题的总体规划、引领及推进工作，明晰调查研究找问题—学习提升转观念—健全机制强保障—组织实施稳推进—总结提炼广示范的幼小衔接研究路径。

（二）建立联合教研机制

一是借助互联网的独特优势，构建幼小衔接教研群，聚焦“幼儿园与小学的不同”“幼儿园各年龄段的教育目标”“小学拼音教学进度”等问题开展即时性小教研，及时解决两个学段教师在教学实践与管理上的困惑；二是借助学前教育名师工作室，以试点园、校为核心，针对幼小衔接中“身心准备”“生活准备”“学习准备”等热点、难点问题进行每周一次的主题教研沙龙活动，辐射带动本区域幼小衔接改革实践，加强两个学段教师在儿童发展、课程建设、教育教学、师资管理等方面的研究交流，为学前、小学教师的专业化发展提供可能；三是借助专项课题研究，开展培养幼儿生活习惯、学习品质、社会交往等研究，总结推广好的经验做法；四是借助“五个一”联合活动，促进幼小衔接。“五个一”即一次“小学初体验”活动、一次小学生分享活动、一次幼小共同参与的毕业典礼活动、一次幼小教师互换教学体验活动、一次小学探秘活动（探索书包、路程、课间操等），学前和小学做到共同研讨方案、共同组织实施。

（三）建立家园合作共育机制

首先，做好正确引领。积极开展家长体验、家长会、家长帮帮团及大家访活动，让家长深入了解幼小衔接的意义、内容及问题，解答入学困惑，缓解家长内心焦虑，主动转变观念，自觉配合幼儿园的工作。其次，培养幼儿的良好习惯。积极开展“好习惯培养追踪活动”，家长注重幼儿运动、阅读、生活、劳动等日常行为习惯培养，坚持好习惯打卡活动，培养专注、坚持、守规等终身受益的好品质。最后，建立联合监督指导机制。专家组通过现场调研会、听汇报等形式，在检验幼小衔接质量与进度的同时，加强幼小衔接典型经验交流，推动幼小衔接走深走实。

幼小衔接是一项长期而系统的工程。近年来，由于教育部的强力推动，各地幼小衔接实践探索均取得新的成效。科学衔接的氛围越来越浓，幼小双向衔接的趋势逐渐向好，家、园、校三方协同机制基本形成。但由于家长素质参差不齐，幼小衔接尚未纳入小学质量监测内容，教师深度融合能力有待提升，因此，幼小衔接还需进一步加大舆论宣传力度，重视弱势家庭教育指导，落实学前和小学幼小衔接质量的双重监测，构建“幼小一体化”育人模式，真正打造有特色、高质量、可推广的幼小衔接地方样板。

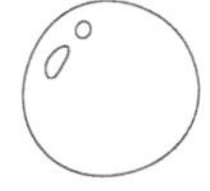

第二章

幼小衔接背景下幼儿园环境创设

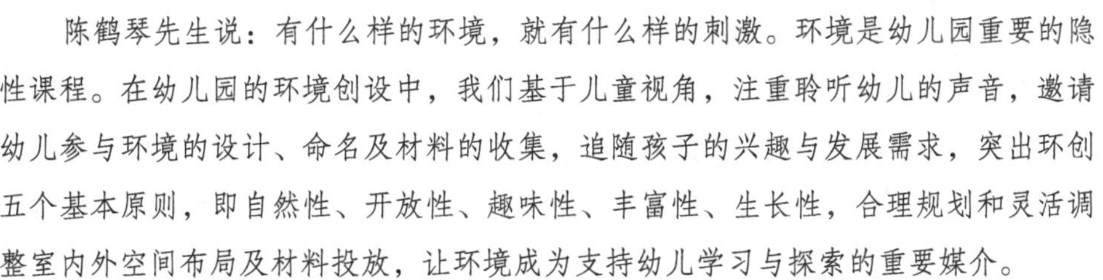

陈鹤琴先生说：有什么样的环境，就有什么样的刺激。环境是幼儿园重要的隐性课程。在幼儿园的环境创设中，我们基于儿童视角，注重聆听幼儿的声音，邀请幼儿参与环境的设计、命名及材料的收集，追随孩子的兴趣与发展需求，突出环创五个基本原则，即自然性、开放性、趣味性、丰富性、生长性，合理规划和灵活调整室内外空间布局及材料投放，让环境成为支持幼儿学习与探索的重要媒介。

第一节 环境创设的基本原则

幼儿园环境创设的原则是我们进行环境创设所依据的环创理念和行为标准，所以它对于教师创设环境至关重要。

一、自然性

自然环境是孩子探索未知世界的基础，自然元素是大自然赋予幼儿的神奇玩伴。置身于灵动的自然世界中，孩子们会用感官和心灵感知身边的一切事物，从而产生更多的启迪。所以在幼儿园环境创设中，我们根据园内地形特点和自然资源，利用空气、阳光、水、土壤、植物、岩石等自然元素，为幼儿体验季节变化、感受生命特征及丰富生活经验等提供条件。

二、开放性

开放性是指创设环境时将幼儿园的室内环境和室外环境、园内环境与园外环境各要素有机结合，协调一致地对幼儿施以影响，促进幼儿身心和谐全面发展。

三、趣味性

童趣是幼儿园环境设计的核心，幼儿是环境的真正主人，所以幼儿园的环境创设无论从建筑、设施、设备、造型、色彩等方面都要充分考虑幼儿的兴趣和年龄特点，符合幼儿的审美、心理和生理特征，才可能激发幼儿对环境的兴趣，从而积极与环境产生互动。

四、丰富性

丰富的环境不仅指数量、品种上的多样化，也指环境的可变性和开放性，能让幼儿进行多种组合，不断创新玩法，不断激发幼儿内在潜能，从而获得多元发展。

五、生长性

环境创设的目的最终都是让孩子与之真实互动起来，发挥环境的教育价值，有效支持幼儿的学习与发展，所以好的环境往往隐含着幼儿园的教育目标，符合幼儿全面发展的需要。同时，幼儿园的环境创设不是一成不变，而是随着幼儿的年龄增长和学习发展而发生变化的。

第二节　环境创设的方法与策略

幼儿园环境创设的方法与策略是为了完成环境创设所采取的方法、手段和技巧，那么环境创设的方法与策略有哪些呢？

一、自然野趣的户外环境

大自然是儿童学习与探究的世界。自然野趣的户外环境往往更能激发孩子探索挑战的欲望。他们自由自在地与环境、材料互动，发展想象力、创造力，构建新的认知经验，同时促进情感、社会性和身体动作等方面的发展。于是我们通过观察及与幼儿对话，结合园内自然原生态特征对户外环境进行了全面改造。以"拆、通、改、拓"的方式拆除观赏性植物，打通区域边界，拓展闲置空间，保留小山、坡道、水沟等7种地形，形成玩沙区、玩水区、涂鸦区、小树林、滚筒区、综合区、积木区、螺母区等多种活动区域，投放生活类、积木类、材料类、自然类等游戏材料，保障幼儿无障碍随时随地进行运动、交往、探索、学习，让环境流淌着自然和生命的气息。

（一）富有挑战的综合区

综合区是户外游戏中以粗大动作为主要内容的区域，需要宽敞、平坦、安全的大场地，于是我们综合利用足球场和篮球场，通过提供长梯、人字梯、长板、木箱、滚筒、海绵垫、小车、球等可移动可组合的低结构材料，让幼儿自由组合、拼搭，创新多种玩法，在上下、滑动、旋转、滚动、跳跃、钻爬等活动中感知材料特有的功能和属性，探索挑战无限可能，发展身体的平衡力、灵敏度及对环境安全预估的能力，培养创造力和思维力。

（二）创意无限的积木区

建构游戏是融思维、操作、艺术、创造为一体的活动，基于搭建稳定性、干扰性的考虑，我们通常会选择安静且较为平整、坚硬的地面设置积木区，投放数量充足、不同倍数、不同形状的积木、砖头、木板等，儿童自由自在搭建自己的世界，感知正方体、长方体、三角体、圆柱体等各种形状特征及不同规格之间的倍数关系，丰富数、形、空间方面的核心经验，锻炼手部肌肉及力量。

（三）妙趣横生的小树林

保留园内的树林及高低不平的泥地，依傍小树林周边开辟弯弯的水道，使树林变得自然灵动。利用大树的间距，绑上荡绳、云梯、秋千，在树枝上摆放鸟窝、小松鼠等，放置梯子、垫子、纱幔、小木屋，形成自然野趣的游戏场，幼儿自由攀爬、垂吊、摇荡，掏鸟窝、吊重物，满足了尽情挑战、科学探索和对私密空间的需求。

（四）快乐自在的小山坡

小山坡是幼儿园极具自然野趣和挑战性的游戏场所，在后花园修建高低绵延的小山坡，放置沙袋、梯子、垫子、骑行车、长板、澡盆、轮胎等材料，儿童在爬上爬下、滚动、滑行中探索不同坡度与滑道、速度之间的关系和属性知识，激发幼儿的探知欲。

（五）惊喜不断的螺母区

我们通常会选择户外较宽敞的木质地板或宽敞的室内空间作为螺母区，并提供大小、孔形、形状、数量都不一样的木板，大小不一的滑轮，还有数不清的螺母、螺栓、螺帽、S形钩子、绳子。孩子们在开动“吊车”，建成“大桥”的体验中获得成功的喜悦，促进幼儿大小肌肉运动及力量发展，提升合作沟通能力，积累物理概念、空间关系等感性经验。

（六）酣畅淋漓的沙水区

幼儿对沙水有一种天然的喜爱，幼儿园根据场地大小来设置沙水区，将玩沙、玩水区独立分开修建，也可以水环绕沙池，至少满足一个班幼儿同时游戏的需要，周边则安装不同方向和高矮不一的水龙头，便于幼儿玩水和清洗。沙、泥、水的结合，为幼儿探索提供了更多变化的可能性，孩子们用挖掘类、建构类等材料挖沟建渠、搭管引水、修筑城堡或扮家家；用滤器类材料、容器类材料感知沙水的特性，并投放各种材料获得沉浮概念，感知气压推动水流，引发认知冲突；等等。促进幼儿坚持、专注、好奇等学习品质的提升。

（七）自由自在的涂鸦区

涂鸦区是支持幼儿按照自己兴趣和意愿自我表现的一种开放性的游戏场所。为避免干扰，我们选择相对独立且紧挨着树林和水沟的空旷之地作为涂鸦区，这样既便于涂鸦游戏场地的延展，也为涂鸦中取水提供方便。依墙安装了玻璃墙、黑板，投放了树枝、树叶、木块等自然材料及斗笠、帽子等地域资源，还有废弃的仿真动物以及瓦罐、瓶子、轮胎等物品，为幼儿练习精细动作、大胆表征及审美的发展创造条件（表2–2–1）。

表2–2–1　幼儿园户外自主游戏资源库

1号资源库（螺母区1）			
序号	材料名称	材料图片	数量
1	弯板		6个
2	转接板		38个
3	二孔板		28个
4	三孔板		16个
5	五孔板		12个
6	六孔板		8个
7	轮		16个
8	螺丝		64个
9	螺母		128个
10	滑轮		6个
11	绳		6根

续 表

1号资源库（螺母区1）			
序号	材料名称	材料图片	数量
12	桶		6个
13	S形钩子		6个
14	储藏车		3辆
2号资源库（螺母区2）			
序号	材料名称	材料图片	数量
1	弯板	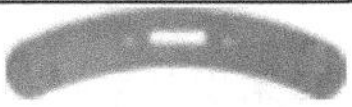	8个
2	转接板		76个
3	二孔板		56个
4	三孔板		32个
5	五孔板		24个
6	六孔板		16个
7	轮		32个
8	螺丝		128个
9	螺母		256个
10	滑轮		8个
11	绳		10根
12	桶		8个

续 表

2号资源库（螺母区2）			
序号	材料名称	材料图片	数量
13	钩子		6个
14	储藏车（大）		3辆
15	储藏车（小）		3辆
3号资源库（综合材料区）			
序号	固定材料名称	材料图片	数量
1	方架子	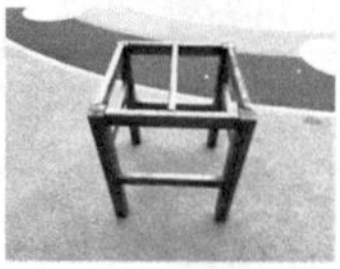	3个
2	高架子		5个
3	矮架子		6个
4	长梯子	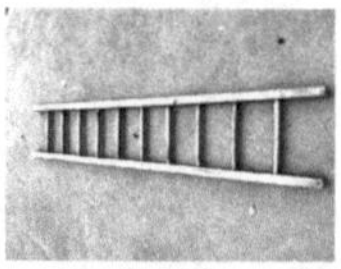	5个
5	中梯子	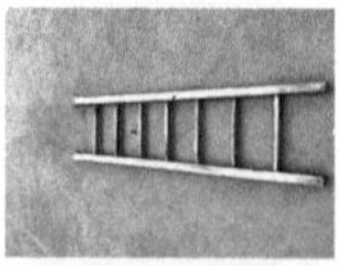	12个
6	短梯子	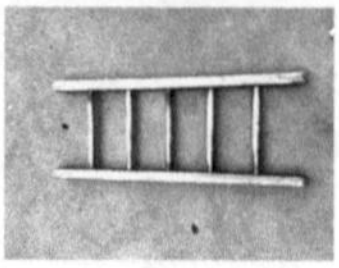	5个

续表

3号资源库（综合材料区）			
序号	固定材料名称	材料图片	数量
7	平衡木	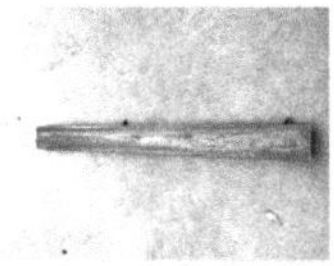	4个
8	加大号木板	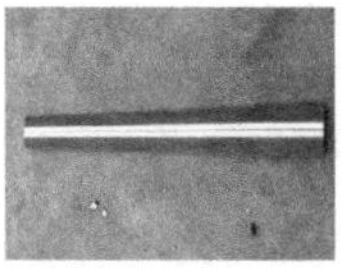	12个
9	大号木板	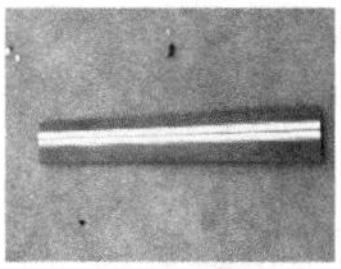	12个
10	中号木板	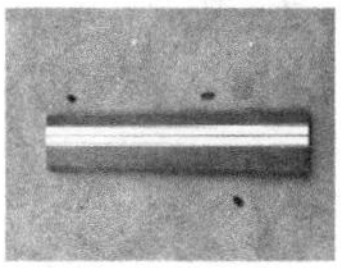	12个
11	小号木板	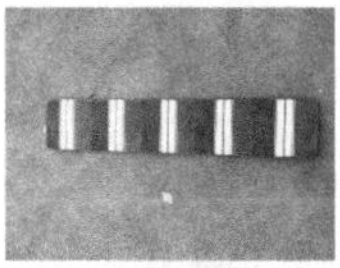	10个
12	加大号双梯		6个
13	大号双梯		9个
14	中号双梯	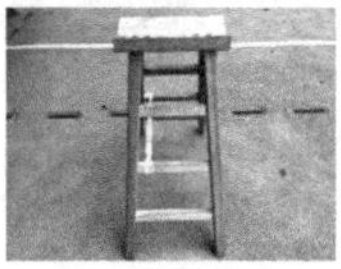	8个

续 表

3号资源库（综合材料区）			
序号	固定材料名称	材料图片	数量
15	小号双梯		8个
16	五级梯	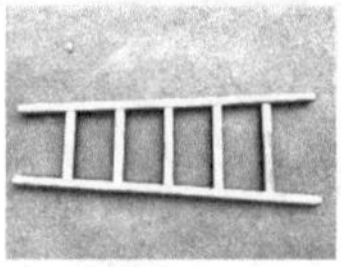	5个
17	大号三级梯	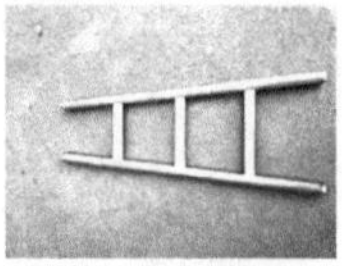	9个
18	小号三级梯	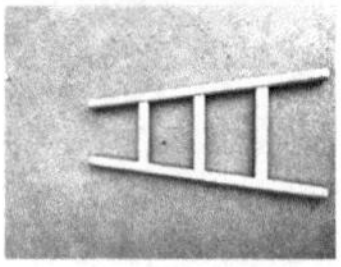	9个
19	二级梯		9个
20	可组合轮胎		11对
4号资源库（涂鸦区）			
序号	材料名称	材料图片	数量
1	纸盒		1袋
2	塑料制品		6卷

续 表

4号资源库（涂鸦区）			
序号	材料名称	材料图片	数量
3	木制品		3箱
4	工具		4盒
5	围兜		2箱
6	白纸		2卷
7	泡沫模型		1箱
8	颜料		12个
9	布		1箱
5号资源库（小树林）			
序号	材料名称	材料图片	数量
1	荡绳		1筐
2	云梯		1筐

续 表

5号资源库（小树林）			
序号	材料名称	材料图片	数量
3	鸟窝		2个
4	梯子		2个
5	垫子		30个
6	纱幔		若干
7	小木屋		5个
8	秋千		1个
9	扶悬梯		2个
10	皮千		2条
11	滑索		2个

续 表

6号资源库（可可斜屋：固定材料）			
序号	固定材料名称	材料图片	数量
1	舞台		1个
2	器乐架		1套
3	自制架子鼓		1套
4	鼓		1套
5	移动音响		1个
6	表演材料		2盒
7	小沙袋		30袋
8	塑料砖块		36个
9	木箱		7个
10	泡沫砖		50块

续 表

6号资源库（可可斜屋：辅助材料）			
序号	辅助材料名称	材料图片	数量
1	垫子		5个
2	脚板		若干
3	跨栏		若干
4	头盔		7个
5	沙包		1筐
6	泡沫垫		6个
7	推车		8辆
8	购物推车		2辆
9	毛绒玩具		1包

续 表

7号资源库（生活区）			
序号	材料名称	材料图片	数量
1	锅		1筐
2	桶		1筐
3	篮子		1筐
4	海洋球		1筐
5	废旧洗衣液桶		5个
6	盆		1筐
7	碗		1筐
8	仿真食物		1筐

续 表

7号资源库（生活区）			
序号	材料名称	材料图片	数量
9	刷子	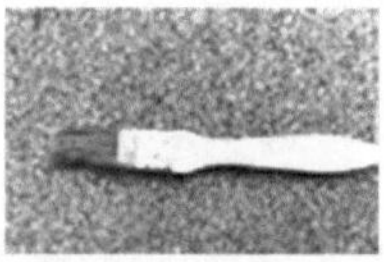	2把
10	塑性泥土		3桶
11	铲子	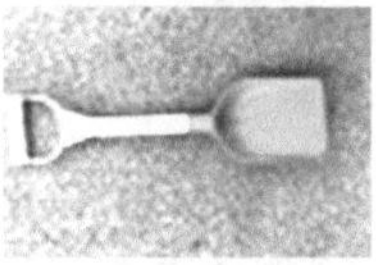	1筐
12	烧烤架		3个
8号资源库（生活区：固定材料）			
序号	固定材料名称	材料图片	数量
1	四层塑料置物架		2个
2	阶梯木质摆放架		1个
3	铁艺摆放架		1个

续 表

8号资源库（生活区：固定材料）			
序号	固定材料名称	材料图片	数量
4	正方形乐高方桌		2张
5	木质婴儿床		1个
6	圆形蚊帐		1顶
7	迷你洗衣机		1台
8	塑料浴缸		1个
8号资源库（生活区：辅助材料）			
序号	辅助材料名称	材料图片	数量
1	塑料碗、盘、壶、杯、玩具等		40件
2	塑料勺、铲、食物等		40件

续 表

8号资源库（生活区：辅助材料）			
序号	辅助材料名称	材料图片	数量
3	塑料脸盆、水瓢		18件
4	不锈钢锅、碗、盘、杯、壶		90件
5	小家电、木质碗、玩具		25件
6	炒菜锅、平底锅、奶锅		20件
7	不锈钢勺、铲		28件
8	塑料篮子、指压板		20件
9	轮胎		3个

续 表

8号资源库（生活区：辅助材料）			
序号	辅助材料名称	材料图片	数量
10	竹编提箱		1个
11	音乐手推车		1辆
12	各类椅子		10把
13	塑料水桶		4个
14	塑料澡盆		4个
15	布偶娃娃		10个
16	各类推车		8辆

续 表

8号资源库（生活区：辅助材料）			
序号	辅助材料名称	材料图片	数量
17	旅行箱		2个
18	各类滑板车		3辆
19	帐篷	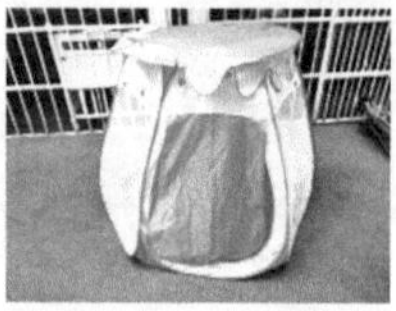	1顶
20	救生圈	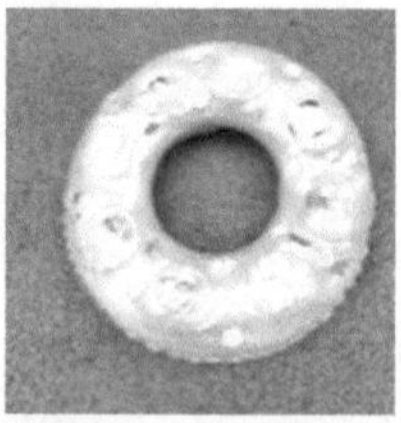	1个
9号资源库（玩水区：固定材料）			
序号	固定材料名称	材料图片	数量
1	水车1		1辆
2	水车2		1辆
3	水泵		2个
4	挡水板		2个

续 表

9号资源库（玩水区：固定材料）			
序号	固定材料名称	材料图片	数量
5	弯头	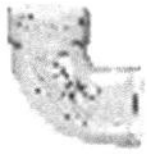	5个
6	双通管		5个
7	三通		5个
8	管堵		5个
9	塞子		2个
9号资源库（玩水区：辅助材料）			
序号	辅助材料名称	材料图片	数量
1	塑料筐、铲		1筐
2	塑料瓶		1筐
3	颜料		3瓶
4	塑料球		1筐

续 表

9号资源库（玩水区：辅助材料）			
序号	辅助材料名称	材料图片	数量
5	放大镜	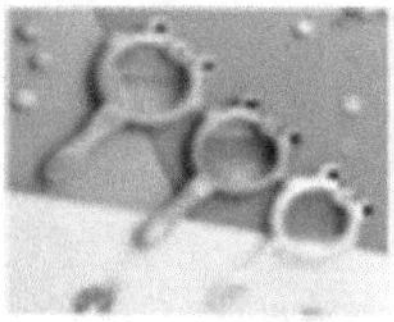	3个
6	温度计	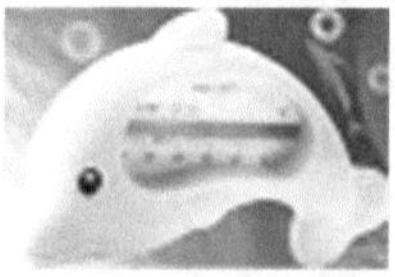	3个
7	塑料水枪		1筐
8	泡沫、玩沙工具		1筐
9	塑料盆		3个
10	躺椅		1把
11	水毛笔		1筐

续 表

9号资源库（玩水区：辅助材料）			
序号	辅助材料名称	材料图片	数量
12	易拉罐		1筐
13	塑料管	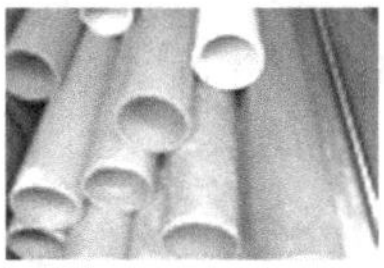	1筐
10号资源库（玩水区）			
序号	材料名称	材料图片	数量
1	PVC半圆管40cm长		2根
2	PVC半圆管60cm长		2根
3	PVC半圆管80cm长	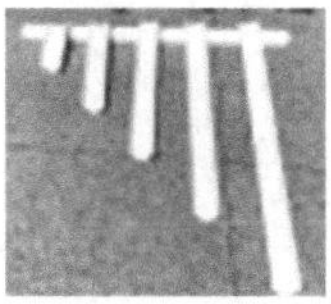	2根
4	PVC半圆管100cm长	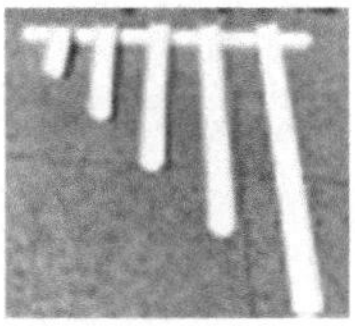	2根

续 表

10号资源库（玩水区）			
序号	材料名称	材料图片	数量
5	PVC半圆管120cm长		2根
6	PVC半圆管140cm长		2根
7	剖面管1		12根
8	剖面管2		7根
9	管道1（透明PVC）		12根
10	管道2（透明PVC）		7根
11号资源库（黄沙区）			
序号	固定材料名称	材料图片	数量
1	不锈钢铲子（小）		16把

续 表

11号资源库（黄沙区）			
序号	固定材料名称	材料图片	数量
2	不锈钢铲子（中）		15把
3	不锈钢铲子（大）		11把
4	塑料铲子		17把
5	天平秤		2个
6	筛沙架		1个
7	不锈钢筛网（小）		3件
8	不锈钢筛网（中）		4件
9	不锈钢筛网（大）		3件
10	不锈钢水桶（大）		3件
11	不锈钢水桶（小）		3件

续 表

12号资源库（白沙区）			
序号	固定材料名称	材料图片	数量
1	小沙铲		40把
2	小沙桶		25个
3	玩沙小风车		20个
4	运沙车		20辆
5	积塑玩具	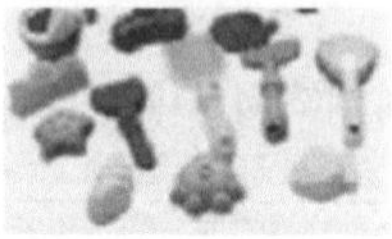	3筐
6	擀面杖	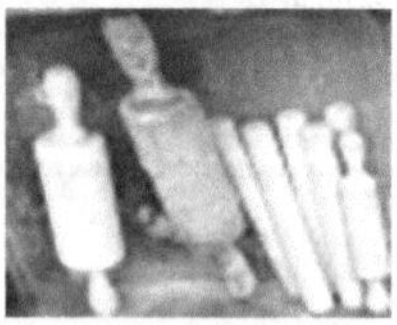	10个
7	模具		10个

续 表

13号资源库（小山坡）			
序号	材料名称	材料图片	数量
1	长板		10个
2	软垫		4个
3	长卷垫		2个
4	龟背	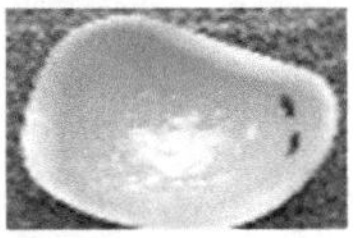	12个
5	滑草垫	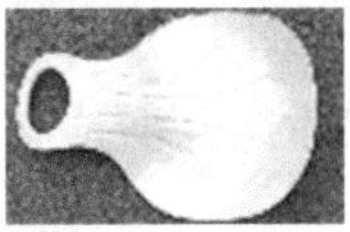	8个
6	滑草板（小号）	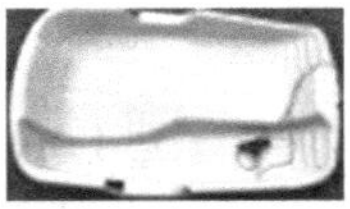	6个
7	滑草板（大号）	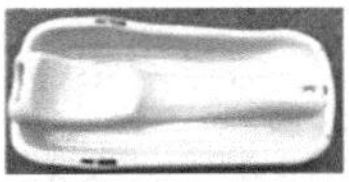	4个
8	塑料管	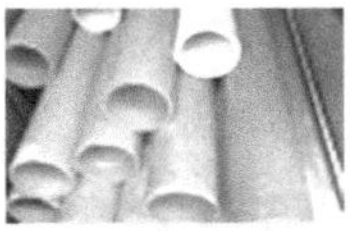	2筐
9	塑料积木	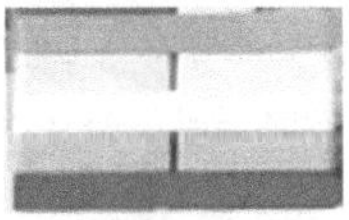	3筐
10	塑料长垫	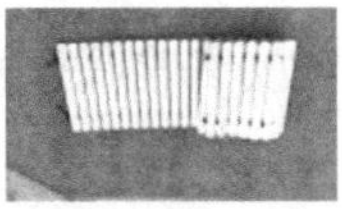	2个
11	篮球	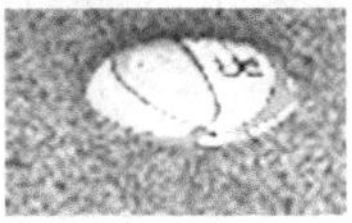	5个

二、打造支持学习探究的室内环境

室内环境是幼儿园教育环境的重要组成部分，包括班级环境和公共区域环境。我们将室外环境与室内环境创设理念相统一，采取“三去”原则改变室内小环境。一是去区域功能性命名，撕去游戏类型固定标签；二是去封闭布局，保持区域间的流动自如；三是去烦琐装饰，实现给幼儿留白的最大化。基于以上原则，我们与幼儿一起进行了室内环境的创设，通过环境达到润物无声的效果，帮助幼儿更直观地获得生活经验和对小学的认识，促进入学准备教育。

（一）走廊环境

走廊包括楼梯两侧墙面和楼道平台，是连接廊道与活动室、室内环境与室外环境的主要桥梁与通道，也是幼儿每天必经之地。一般来说，我们会根据每一层所在班级幼儿的年龄特点和教育内容来进行环境创设，有让幼儿进行操作、摆弄、探索的操作墙，锻炼手部精细动作，提升分类、拼图与建构能力；也有展示墙或区角，用于展示幼儿的学习与探究记录、发展过程、手工作品等。如一楼通常是小班孩子，我们根据小班幼儿的年龄特点，在走廊上利用绘本有趣的画面和简单的文字进行文明礼仪、生活教育，并在楼梯平台上设置触摸墙或用各种纽扣、瓶盖集合图形等操作墙，让幼儿进行各种感知与操作练习，激发幼儿学习的主动性和积极性，丰富生活经验，促进文明礼貌的形成，同时增进家长对幼儿在园情况及教育内容的了解。

（二）班级环境

班级环境通常由主题墙、副墙、墙裙、材料柜等构成。

1. 主题墙

主题墙内容一般来源于幼儿感兴趣的话题或主题教学的内容，小、中、大不同年龄段各有侧重，全面落实入学准备要点，激发幼儿对小学生活的向往。如大班主题活动“我要上小学啦”，主题环境根据主题活动的开展而变化。教师在主题环境创设前，先发放主题调查表，让家长与幼儿一起探讨和收集相应材料，并通过谈话引发幼儿讨论思考：马上毕业了，你们最想做的是什么事情？你心中的小学是怎样的？小学跟幼儿园有什么不同？从幼儿的讨论和调查中，提炼出“上学路线图”“采访小学生”“我的入学用品”“课间十分钟”等孩子感兴趣的话题，幼儿在深入探索、发现、学习中逐步丰富主题墙内容（图2–2–1）。又如小班主题活动“我上幼儿园”，我们根据幼儿需求提炼了“入园体验日”“我的新朋友”“我的新本领”等内容，以照片和文字的形式呈现，及时记录幼儿熟悉的游乐设施、建筑图片及在园适应新环境的情况，让幼儿产生一种“小主人”的归属感。

图2–2–1 大班“我要上小学啦”主题墙创设

2. 墙裙

墙裙指的是墙壁下半部起装饰和保护作用的表现设施，高度一般与孩子的身高相匹配，适合与孩子产生互动。通常我们会利用活动室墙裙作为孩子的计划墙、天气预报栏和游戏故事展示等，为幼儿回顾、交流、分享游戏故事、生活经验、学习探索经验提供大量的空间，生动呈现幼儿学习与发展的全过程，促进幼儿之间经验共享，同时提高幼儿学前书写能力、思维能力、语言表达能力和概括能力（图2–2–2）。

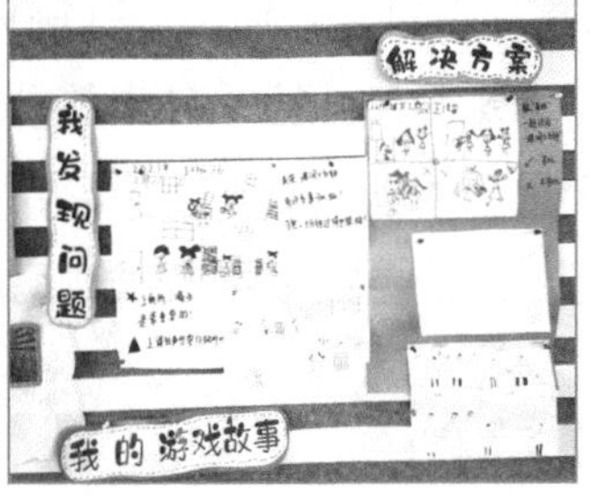

图2–2–2 墙裙展示

3. 副墙

在本书中，副墙指的是除了主题墙以外的其他墙面。各班级可根据自身需要创设“光盘小达人”“今日提醒”“我的小梳子”“我们的约定”等内容（图2-2-3）。

图2-2-3　墙壁展示

4. 材料柜

室内游戏材料的投放为幼儿提供了主动探索的机会（表2-2-2）。我们从儿童发展出发，根据幼儿学习的目标、内容规划室内自主游戏环境，使用可移动矮柜按照材料的性质归类陈列材料，贴上标识。如图书类、自然类、积木类、工具类等，以材料引发幼儿游戏中的学习与探究，幼儿不限玩法，不限使用区域，室内的任何角落都是儿童的游戏空间，幼儿通过与材料的互动积极开展学习探索活动和游戏活动。如在玩具柜中投放学习计划表和记录表，幼儿用简单符号、图示表征制订一日学习计划，或记录学习与发展过程。在门口投放签到表，幼儿自主签到，在写写画画中体验文字符号的功能。又如在大班投放书包、书本、铅笔盒、课程表、红领巾、校服等，孩子们便会开展角色游戏，在穿穿、戴戴、写写中真实地模拟小学情景，激发对小学的向往。

表2–2–2　室内主要材料清单

类别	材料
印刷类	拓印工具、自制拓印工具（揉皱的卫生纸球、瓶盖、各种形状的雪花片或者图形）、印章、简易版画工具等
纸张类	报纸、纸牌、纸杯、厨房纸、烘焙纸、牛皮纸、皱纹纸、彩色纸、宣纸、海绵纸、糖果纸、玻璃纸、瓦楞纸、过滤纸、卫生纸、打印纸、壁纸/墙纸、卡纸、湿巾纸等
塑形类	超轻黏土、陶土、橡皮泥、面包土、面粉团等塑形材料和铸模器材等
颜料类	水彩颜料、水粉颜料、丙烯颜料等
测量类	天平、秒表、计算器、弹簧秤、直尺、卷尺、码尺、沙漏、量杯等
记录类	录音机、相机、书写工具、记录纸（表）、问题卡等
胶类	固体胶、双面胶、透明胶、胶水、乳胶等
工具类	安全剪刀、订书机、打洞机等
缝纫类	大针孔针、绣花绷子、十字绣、粗细不同的麻绳、颜色不一的毛线、棉线、包心线、尼龙绳、鱼线、绣花线、线绳、牛仔布、棉布、麻布、花布、布条、布块等
装饰类	串珠、扣子、压花器、亮片、塑料眼镜、马赛克砖等
废旧类	纸筒芯、纸板、牙膏盒、纸盒、泡泡纸、鸡蛋托、薯片筒、纸杯、吸管、蛋糕盘、直径不同的PVC塑料管、金属管、瓶盖、塑料瓶、奶茶杯、牛奶瓶等
图书类	发声书、立体书、手偶书、布质书、洞洞书、绘本等
器乐类	曲谱、图谱、话筒、音响、沙锤、沙蛋、沙盒、木琴、金属琴、碰铃、木鱼、双响筒、腕铃、铃棒、铃鼓、铃圈、手铃、串铃、鼓圈、鼓、响板、节奏棒、三角铁、铙钹等
服饰类	校服、厨师服、围兜、警察服、快递服、医生服、护士服、各类演出服、帽子等
积木类	正方块、正方体、长方块、长方体、三角形、圆柱、半圆环、半圆柱等
自然类	松果、香枫球、橡子、瓜子、各种豆子、各类种子、玉米芯、稻草、干草、棉花、花生（壳）、松子（壳）、开心果（壳）、石头、贝壳类、树枝、木片、树叶、泥土、沙子、干/湿花朵、羽毛、苔藓、木屑、干果、水果等
成品/半成品类	五子棋、动物/植物/图形、翻翻棋、飞行棋、消消乐、牛角棋、斗兽棋、红绿灯棋、书包等

三、家庭中幼小衔接的环境创设

良好的家庭环境既指整洁、安静、温馨、自由的物质环境，也指鼓励、支持、民主的家庭人文氛围。这对帮助幼儿做好幼小衔接起到事半功倍的作用。

（一）创设独立的小天地

给予孩子一个能自由支配的私密空间，不仅能激发孩子的想象力和创造力，还能培养孩子的专注力。所以教师应指导家长为孩子布置一个温馨的房间，房间里配置高度适宜的桌椅，与孩子一起挑选的书架、书柜、学习用具，添置孩子喜欢的台灯、闹钟等，地上还铺上地毯，放置小帐篷，摆上柔软的抱枕，让孩子在自由、温馨、舒适的环境里专注地看书、写写画画、游戏等，养成主动学习、做事专注的习惯，更重要的是向孩子传达家长的理解和信任。

（二）引导幼儿学会自我管理

家长首先要加强幼儿生活管理，房间的卫生打扫、物品归类摆放、衣物整理等，都由孩子自主支配、自主管理。其次是时间管理，共同商议制订一日活动计划，在规定的时间完成计划内的事情，培养幼儿做事的计划性和自控力。最后就是加强情绪管理，与幼儿共同探讨怎样转移、发泄情绪。图2-2-4为孩子的生活管理及时间管理作品。

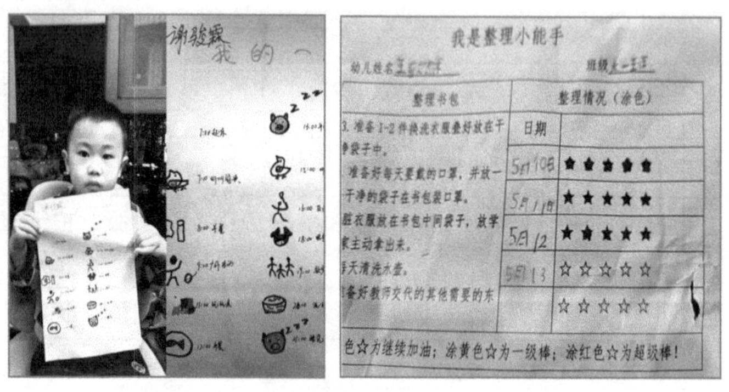

图2-2-4　学生作品

（三）帮助幼儿建立规则

与孩子一起制定家庭约定，贴在醒目位置，针对控制看电视、看手机的时间，逛超市购买物品等事项达成约定；与孩子一起制作一张奖励表，鼓励孩子一点一滴的进步，增强孩子的荣誉感和自信心。

第三章

一日活动中的幼小衔接

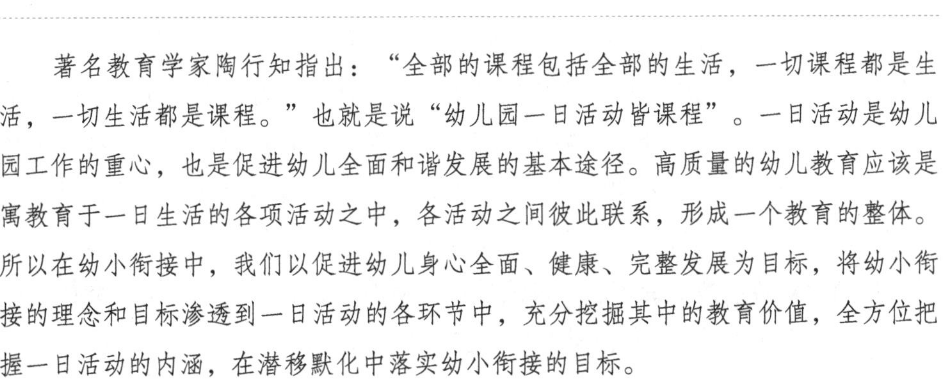

著名教育学家陶行知指出：“全部的课程包括全部的生活，一切课程都是生活，一切生活都是课程。”也就是说“幼儿园一日活动皆课程”。一日活动是幼儿园工作的重心，也是促进幼儿全面和谐发展的基本途径。高质量的幼儿教育应该是寓教育于一日生活的各项活动之中，各活动之间彼此联系，形成一个教育的整体。所以在幼小衔接中，我们以促进幼儿身心全面、健康、完整发展为目标，将幼小衔接的理念和目标渗透到一日活动的各环节中，充分挖掘其中的教育价值，全方位把握一日活动的内涵，在潜移默化中落实幼小衔接的目标。

第一节　幼儿园一日活动内涵

幼儿园一日活动指的是幼儿从早上入园至下午离园所有活动的总和，或者说幼儿在园的全部生活总和。在这本书中，我们将一日活动划分为四个板块、八个环节，即游戏活动、生活活动、学习活动和体育运动四大板块，入园、晨间、生活、集体教学、过渡环节及自主游戏、户外活动、离园八个环节。

一、生活活动

生活活动是幼儿园一日活动中的生活环节，是满足幼儿基本生活需要的活动，在整个幼儿园一日活动中的占比最大，比如入园、盥洗、进餐、喝水、如厕、午睡、吃点心、离园等都属于生活活动的范畴。生活活动不仅能培养幼儿良好的生活卫生习惯，促进幼儿生长发育，而且能锻炼幼儿生活自理能力，增强劳动观念和技能。因此，教师对于生活活动各要素不能忽视，而要充分挖掘其中的教育内涵和价值，为幼儿身心全面发展提供支持和帮助。

二、游戏活动

游戏是幼儿的主要活动，也是幼儿最喜欢的活动。它对幼儿学习与发展的独特价值已成为当前学前教育界的共识，也是学前教育区别于小学教育的重要标志。它主要包括户外自主游戏和室内自主游戏。教师应充分尊重幼儿游戏的权利，结合幼儿的兴趣和发展需要，创设安全、适宜的游戏环境并提供丰富的游戏材料，让幼儿自发、自主、自由地选择玩伴和材料，并通过与材料、同伴的互动及对游戏情节的假想，创造性地开展游戏，满足幼儿运动、交往、操作、探索、表征的需要，促进幼儿的自主学习与发展。

三、体育运动

本书将体育运动作为一个板块单独提出来，主要是为了突出体育运动的重要性。在幼儿园，体育运动包括体能循环、花式操舞、体育游戏、体育活动及体育节系列活动等，主要目的是激发幼儿对体育运动的兴趣，发展身体动作，提高身体素质和体能，同时培养幼儿阳光、自信、勇敢、坚毅等优良品质。

四、学习活动

学习活动指的是教师有目的、有计划组织幼儿开展的教学活动。它可以由教师预设，也可以由教师根据幼儿的兴趣和发展生成活动，涵盖了健康、语言、社会、科学、艺术五大领域。在活动中教师要充分发挥幼儿的主体作用，根据不同年龄段幼儿的年龄特征和学习特点，采取多种形式，为促进幼儿各方面发展提供机会。幼儿园学习活动的主要组织形式包括集体教学、小组学习和个别学习。

集体教学是教师组织全班幼儿进行的有目的、有计划的教学活动。在教学活动中，教师根据幼儿的实际发展水平，制订相应的目标与计划，并选择适宜的方式引导幼儿实际操作和亲身体验，在良好的师幼互动中建构经验，形成知识体系。这一活动不仅能使幼儿的知识经验体系变得更连贯、系统、完整和深入，而且对幼儿的发展具有重要的价值，引发幼儿新经验的生成，促进知识经验的迁移和运用，发展思维、语言能力及规则意识等。如晨谈活动、主题教学活动等。

小组学习是小组合作学习的形式，通常是指在教师组织下基于一定的目标和任务，由教师分配或幼儿自由组建进行的合作性学习活动。小组学习最大的特点就是促进幼儿之间的沟通交流，分享接纳不同的观点，相互学习，合作解决组内冲突和完成任务，培养幼儿的探究意识和合作能力，而合作能力是幼儿步入小学非常重要的一项能力。

个别学习是教师针对个体差异所设计的教学内容或提供的操作材料，使幼儿可以在教师一对一的指导下完成学习任务，也可以通过提供多层次、多元化的学习材料，由幼儿自主选择材料，在与材料的互动中和教师的有效观察、支持中促进幼儿深度学习与发展。个别学习的最大价值就是尊重幼儿的个体差异，符合幼儿的最近发展区，让幼儿按照自己的节奏成长。

第二节　一日活动的反思与调整

幼儿园一日活动的安排是否科学合理直接影响甚至决定幼儿在园学习与生活的质量，随着幼小衔接实践研究的推进，我们发现原有的一日活动已不能满足学前教育改革的需要。于是，我们对幼儿园原有一日活动进行了审视与反思，从儿童观、教育观、教师观的视角出发找到一日活动存在的问题，进行深入分析并采取有效措施调整、优化一日活动。

一、一日活动存在的问题

经过反思，我们发现幼儿园一日活动存在的主要问题有以下几方面。

（一）活动安排没有弹性

教育孩子就像牵着蜗牛去散步，这句话引申了教育需要放慢脚步，应给孩子和教师弹性操作的空间。不同年龄段的幼儿发展水平是不同的，其发展需求、重点也不同，自然一日活动的安排也应不同。但在幼儿园里，我们几乎可以看到每个班级门口都张贴了一份“幼儿园一日作息表”，明确规定了各类活动的时间分配和内容安排，幼儿一日作息比较固定，全园统一行动、整齐划一，如幼儿一起喝水、一起盥洗、一起吃点心等，这种大一统安排，不仅使有意义的活动因时间受限而不能进一步拓展，而且还会造成幼儿消极等待。

（二）活动板块缺少关联

主要体现在幼儿园活动环节较多，时间分配零散，活动转换频繁，使教师和幼儿整天忙忙碌碌，活动得不到从容开展，师幼都围着环节转。同时，生活、游戏、学习、体育几大板块呈割裂状态，相互之间缺乏融合与关联，忽视了幼儿成长的整体性和完整性。

（三）活动时间缺乏保障

幼儿园应将游戏作为幼儿全面发展的重要形式，保证幼儿一日活动中有充足的游戏时间和户外体育运动时间。但在现实中，幼儿园仍然是集体教学较多，而1小时以上连续自主游戏时间和1小时户外体育运动时间得不到保障。导致自主游戏和体育运动流于形式，教师的观察和支持不够深入，幼儿的游戏与运动也浮在浅层，极不利于游戏中幼儿的深度学习探究和幼儿游戏水平的提升，也不利于幼儿体能锻炼和动作发展。

（四）活动价值得不到发挥

教师真正关注一日活动各环节的教育契机和价值较少，没有根据幼儿发展现状和需求合理设定活动目标，并落实到一日活动的各环节中。

二、优化一日活动的基本措施

（一）整合活动环节

删除喝水、盥洗、如厕等统一行动的过渡环节。合并同一空间的活动，将一日活动整合化、板块化，减少教师主导的环节转换，让幼儿活动更自主、更充分。一日活动安排由零散变为块状，打破各类活动的边界，幼儿可以根据自己的需求掌握活动的节奏。如晨间活动，我们将入园、早餐、自主活动整合在一起，午餐时光将餐前、午餐、餐后散步整合在一起，通过整合，增强了幼儿和教师时间上的弹性操作。让幼儿在合理的限度下，更为自主、有效地活动与学习，使幼儿的权利落到实处。

（二）科学分配活动时间

坚持动静交替、室内外结合的原则，给幼儿提供充足的自主游戏时间和户外活动时间。坚持以游戏为基本活动，减少集体教学，变原来中大班每天2个集体教学活动为1个集体教学活动。保障每天1小时以上的户外自主游戏时间和1小时的户外体育运动时间。并充分考虑各种生态环境和条件，根据季节合理调节幼儿一日生活作息时间，以确保幼儿能适应生态环境等因素的影响。

（三）注重板块融合

我们将一日活动分为“生活”“游戏”“学习”“运动”四大板块，以生活、游戏为主线，探索共同教育目标下四大板块相融合的路径，形成一日活动整体教育合力。如将餐厅的生活经验融入角色游戏“宝贝餐厅”中，幼儿学着服务员招待客人、叫单、点单，丰富游戏情节，将探索性学习与游戏相融合，并以游戏中遇到的问题“餐厅菜品比较少，客人渐渐失去了兴趣”生成教学活动“中华美食”，让幼儿了解中国美食文化、菜肴烹饪及食用方法。

（四）建立良好行为习惯

挖掘一日活动各环节的教育价值，对每个环节提出明确的教育目标和行为要求，养成幼儿良好的学习、生活等习惯（表3–2–1）。

表3–2–1　活动内容

内容	要求	目标
入园	入园时，礼貌向老师问早；用酒精消毒双手后取放口罩、书包对应入柜；配合做好晨检，并自主签到	培养幼儿礼貌待人及良好的生活卫生习惯，主动配合晨检。提高幼儿书写兴趣与书写能力
早餐	餐前洗手、自主取餐，用餐时细嚼慢咽；用餐后，将椅子推进餐桌并用抹布清理桌面，送餐具并分类摆放；餐后漱口	增强幼儿自我服务意识，养成良好的就餐习惯和劳动习惯
晨谈	认真倾听教师及同伴讲话，倾听时注视对方眼睛；交流时音量适宜，表达清晰；了解半日活动安排，自主做计划（口头、书面表征）	培养幼儿良好的倾听习惯，提高语言表达能力，增强做事的计划性
集体教学	活动前轻拿轻放椅子，按要求摆放；活动中保持正确的坐姿，认真倾听，多感官参与；遵守规则，情绪饱满，好奇、好问，清晰表达，乐于探索	增强幼儿规则意识，养成主动思考、大胆探究、自我控制等良好品质
花式操舞	小中大班幼儿分时间段听广播依次下楼整队做操、跳集体舞，并进行爬、跳、绕障碍物等体能锻炼	培养幼儿对体育锻炼的兴趣，会听口令进行整队，正确使用器械，能根据音乐节拍做操、跳舞及队列变化等，动作有力、标准
户外自主游戏	做好游戏前准备，如夏天戴上遮阳帽、擦防晒霜，雨天穿雨衣、雨鞋，小班可请老师协助，中、大班可同伴互助；游戏热身后与教师一起进行5分钟安全排查；自主选择游戏材料、玩伴及游戏内容，大胆合作、积极探索、不断思考，努力发现问题和解决问题	增强幼儿对环境的适应能力及自我服务意识，学会自己的事情自己做；提高安全预判和自护能力；锻炼幼儿的大肌肉动作和小肌肉动作；促进幼儿身体、社交、认知、语言和情感发展，形成良好习惯，获得创造、动手、学习、表达、自主、交往等多种能力

续 表

内容	要求	目标
收纳整理	指导幼儿做好区域环境及材料的收纳归类整理工作；根据自身需要自主喝水、小便	培养幼儿收纳整理的能力，学会物品归类、合理摆放，根据自身的需求自主喝水、盥洗和如厕
回顾分享	绘画游戏故事，一对一倾听游戏； 采取个人、小组、集体等方式对游戏进行回顾及经验分享	幼儿学会用符号、绘画及语言大胆表达自己的思想和认识，促进反思能力、绘画能力和语言能力的发展。 帮助幼儿进行游戏的逻辑梳理，复盘幼儿游戏中遇到的问题，大胆表达交流，提升幼儿游戏经验
午餐散步	幼儿自主洗手、自助午餐；整理自己的桌面、归类摆放餐具；自由散步、准备入睡环境；幼儿自主小便，按要求做好睡前工作（脱、叠、放衣物）	培养幼儿就餐的好习惯，提升生活自理能力，学会餐具归类，发展小肌肉动作
午睡	安静午睡，不干扰他人；身体不舒服时要主动告诉老师；起床后幼儿自己叠被子、穿衣服、收拾换下的衣物；自主吃点心、喝水	掌握穿脱衣服鞋袜的正确方法，培养幼儿良好的午睡习惯，保持正确的睡姿。学习折叠被子、整理床铺
室内游戏	按自己的计划开展游戏活动，大胆合作、积极探索，遇到问题想办法解决；分享游戏过程，总结游戏经验；做好区域环境及材料的收纳归类整理工作	养成按计划做事的好习惯，学习统计、记录等方法，在游戏中培养幼儿动手能力及大胆想象、创造的能力，增强自主探究和合作学习
户外锻炼	采取游戏形式，通过幼儿与体育器材的互动，开展走、跑、跳、攀爬等运动	发展基本动作，提高身体素质，锻炼动作的灵敏度、协调性，增强耐力、平衡力等
离园	组织幼儿回顾一天的生活学习；自主大小便、喝水、盥洗、整理仪表；准备好需要拿回家的物品及老师下发的通知；拥抱道别、个别幼儿整理区域	帮助幼儿复盘一日生活，培养幼儿的任务意识，学会保管好自己的物品，做事有始有终

第三节　一日活动中的组织实施

一、生活活动

幼儿园的生活活动往往容易被人忽视，在实践中，幼儿园或多或少存在重学习轻生活的现象。于是，我们聚焦生活活动内容与价值（表3-3-1），进行流程化管理。

表3-3-1　生活活动的内容

入园	自主签到	做好前书写准备
盥洗	洗手、洗脸、漱口等	养成良好的生活卫生习惯，提升生活自理能力
进餐	餐前准备、自助取餐、餐后清扫	建立就餐常规，锻炼大小肌肉动作，养成良好就餐习惯，提升自我服务和为他人服务的意识
喝水	自主按需喝水，保证每天喝水量1000ml左右，摆放好杯子	养成喝水的良好习惯，增强生活自理能力
如厕	按需取纸折叠、如厕、穿脱裤子、冲洗	养成按时排便的习惯，掌握大小便的正确方法
午睡	午检、自主穿脱衣服鞋袜、衣物固定摆放、保持睡姿正确、学习整理床铺	提升幼儿生活自理能力和动手能力，养成良好的午睡习惯和劳动意识
离园	整理仪表、收拾书包、回顾一日活动、玩具桌椅归位	学会分类整理和保管物品，提高生活自我管理能力，培养幼儿的任务意识

（一）入园：自主签到

小班：通过印章或贴纸签到。到园后在签到表上用印章打卡签到，或制作一面签到墙，采取贴纸签到的方式，在贴有自己照片的表格里贴上小贴贴（表3-3-2）。

表3–3–2 小班签到表

幼儿照片	幼儿签章

中班：要求找到自己的姓名，并对应星期几打上“√”代表签到（表3–3–3）。

表3–3–3 中班签到表

幼儿姓名	星期一	星期二	星期三	星期四	星期五
如：×××	√				

大班：要求书写自己的姓名、日期，并看时钟记录入园时间（表3–3–4）。

表3–3–4 大班签到表

姓名	星期一	日期	入园时间	星期二	日期	入园时间	星期三	日期	入园时间	星期四	日期	入园时间	星期五	日期	入园时间
如：×××	√	5.23	8：25												

（二）盥洗

在幼儿园里，盥洗环节往往不起眼，容易被人忽视。据了解，很多幼儿洗手总是草草了事，没有掌握基本方法，所以让幼儿了解盥洗的基本流程是非常重要的。盥洗基本流程见表3–3–5。

表3-3-5　盥洗的基本流程

盥洗前	1.教师提供数量充足的肥皂或洗手液、毛巾。 2.与幼儿一起讨论洗手的正确方法，分组制作七步洗手流程图，将流程图张贴在盥洗间的墙壁上
盥洗中	1.关注洗手过程，对搓不干净、方法不正确的幼儿及时提醒或指导。 2.随时保持地面干燥、整洁。 3.提醒幼儿节约用水，学会控制水流
盥洗后	洗手后及时擦干双手

（三）进餐

科学地组织进餐环节，不仅有助于培养幼儿良好的进餐习惯，还有助于提高幼儿的自我服务能力（表3–3–6）。

表3–3–6　进餐

餐前	1.生活小管家做好桌面的清洁工作，为每一桌提供骨碟，培养为他人服务的意识。 2.教师营造温馨的进餐氛围，准备好菜盘、汤盆、蒸饭锅、汤勺、小夹子等器具。 3.合理规划取餐路线，提出取餐要求，幼儿根据自身需要自主取餐
餐中	1.在进餐过程中加强自我管理，养成细嚼慢咽的习惯。 2.在规定时间内吃完饭。 3.小班幼儿使用勺子吃饭，中、大班幼儿使用筷子吃饭
餐后	1.餐后幼儿将碗、筷及剩饭菜分类放至规定地点。 2.清理桌面，将椅子推进桌子下。 3.洗脸、洗手、漱口。 4.帮助教师清理打扫地面

（四）喝水

饮水是一日生活中反复出现的生活细节，也是养成幼儿良好生活习惯，加强自我管理，促进身体健康发展的重要途径（表3–3–7）。

表3–3–7　喝水

喝水前	1.做好经验铺垫。通过讨论让幼儿知道饮水对人体的重要性及每天饮水量和饮水的科学方法等。 2.进行环境创设。在饮水区张贴幼儿制作的图片，提醒幼儿按量饮水。 3.提供饮水记录墙，让幼儿每天用数字或符号记录自己喝水的次数，鼓励幼儿多喝水。 4.设置多处饮水点。将盛水的器皿放至安全、干净的地方，保持水温30℃，幼儿可以选择性进行取水

续 表

喝水中	1.引导幼儿按需自主喝水。 2.关注幼儿喝水情况，指导幼儿每次装水不要太满，装半杯或2/3杯的水量，防止泼洒
喝水后	1.按名字标识将杯子放回原处，杯口朝上、杯把对外，整齐摆放。 2.关上纱门，防止落尘

（五）如厕

独立自主地如厕是孩子成长的里程碑。尤其是小班的孩子因为没有掌握正确的如厕方法，经常有憋便、将大小便拉在身上的现象（表3–3–8）。

表3–3–8　如厕

如厕前	1.保持环境卫生，空气流通、地面干燥，便池干净无异味。 2.做好环境创设。张贴大小便温馨提示儿歌、如厕流程图和大便观察图，提醒幼儿轮流如厕，大小便后卫生纸要扔进便池，掌握大小便正确方法。大班的孩子学会观察自己的大便。 如厕流程：打开马桶盖—脱裤子—拉臭臭—擦屁股—穿裤子—冲冲水—洗洗手
如厕中	1.幼儿根据自身需要轮流如厕，自主选择如厕时间及蹲便还是坐便。 2.教师关注幼儿如厕过程，指导幼儿自己如厕，掌握自己擦屁股、提裤子的正确方法
如厕后	1.指导幼儿养成便后洗手、冲水的好习惯。 2.提醒男女要分厕，增强身体私密部位自我保护意识

（六）午睡

保证午睡质量是促进幼儿身体发育的有效途径，所以必须培养幼儿良好的午睡习惯（表3–3–9）。

表3–3–9　午睡

午睡前	1.对幼儿进行体温检测并记录，了解睡前幼儿身体状况。 2.关好窗帘，营造静谧的入睡氛围，保持室内空气流通清新，根据季节调节室内温度。 3.提醒幼儿安静入室，有序脱衣服、鞋袜，并放在固定位置。 4.及时上床、保持正确的睡姿
午睡中	1.加强幼儿巡视，关注每一位幼儿午睡情况并做好记录。对身体不适的幼儿进行重点关注。 2.根据天气情况为孩子盖或减被子，轻声提醒易尿床的孩子如厕

续表

起床后	1.尊重幼儿个体差异和需求，可以让睡醒的孩子先起床。 2.开窗通气，播放音乐，提醒幼儿起床。 3.指导幼儿有序穿好衣服、鞋袜

（七）离园

离园是幼儿园一日生活的结束，这一环节在一日生活中具有重要的教育价值（表3–3–10）。

表3–3–10　离园

离园前	1.幼儿检查自己的仪表，完成洗脸、整理衣服鞋袜及书包等。 2.与老师一起提前整理好需要分发给幼儿的物品，分类放置，离园时拿回家。 3.教师组织安静的活动，引导幼儿回顾当天的学习生活并布置任务。如："明天带雨衣来""将《小豆芽》的故事讲给爸爸妈妈听"，以此培养幼儿的任务意识。 4.将玩具、材料等归位，椅子摆在固定位置，保持环境整洁有序
离园中	1.背好书包，拿好需要拿回家的物品，到闸机口按学号排队，耐心等候家长接人。 2.家长接人时，幼儿主动与家长打招呼，并跟老师和同伴告别
离园后	工作人员进行活动室设施设备的整理、清洁、消毒及安检工作，做好第二天工作的准备

二、游戏活动

在这里，游戏活动主要指室内自主游戏活动和户外自主游戏活动。这两类游戏除场地不同，环境创设理念和本质是相通的，都是根据幼儿的年龄特征，创设适宜的环境，提供合理的游戏材料，幼儿根据意愿自主自由地选择游戏玩伴、材料及内容，展开游戏活动，并在教师深入观察指导下，推动游戏向更高水平发展，促进幼儿深度学习。游戏活动通常有以下五个流程。

（一）准备游戏经验，做好游戏计划（5分钟左右）

游戏经验准备是丰富游戏内容的基础，做好游戏计划是幼儿开展游戏的前提。幼儿通过制订游戏计划，进一步明确自己想干什么、选择什么、与谁一起、怎样去做，从而培养幼儿做事的计划性和书写能力，也便于教师了解幼儿的想法，及时给予支持和指导。

（二）观察支持游戏，促进游戏发展（1小时左右）

这一阶段是幼儿根据游戏计划实施探索挑战的过程。幼儿通过了解材料，与同伴的交流，逐步构建新的经验，并在遇到问题时，不断合作、试错、探索，直至解决问题。而老师始终保持观察者、倾听者和支持者的身份，及时判断游戏行为、调整教育策略、回应支持孩子，发展幼儿思维能力，解决问题困惑，促进游戏发展，培养坚持、独立、自主、反思、合作等良好的学习品质。

（三）完成收纳整理，养成良好习惯（10分钟）

随着收纳音乐响起，幼儿与同伴一起完成区域材料整理工作，按标识分类摆放。在收纳中进行自主观察、对比，不断熟悉游戏材料的种类及对应的摆放点，培养做事认真、有始有终的良好习惯和学习品质。

（四）多元游戏表征，促进深度学习（30分钟）

表征是幼儿使用大量的图像和符号对自己内心事物的一种外在表达，通过表达幼儿更加深入理解自己玩过的游戏、探索的问题和解决的策略等，是幼儿对事物持续反思的过程。幼儿表征的方式是多种多样的，教师应该引导幼儿进行多种游戏表征活动。如：

（1）符号表征。用符号来代替其他事物。符号可以是教师“约定俗成”的，也可以是幼儿自创的，可以帮助幼儿更好地进行信息交流与表达。如：用“√”表示正确，用“×”表示错误；用“↑”表示上升，用“↓”表示下降。

（2）绘画表征。是指用绘画的方式记录游戏过程、内容和结果等。

（3）文字表征。当幼儿对书写开始感兴趣，并对文字有了一定的积累，便会运用自己独特的图形、符号、文字对游戏与思维过程进行记录，或教师采取一对一倾听的方式进行记录。

（五）集体讲评游戏，分享游戏体验（10分钟左右）

自主游戏结束后是快乐分享10分钟的时间，教师带领幼儿做游戏逻辑的梳理。围绕游戏主题、材料的组合运用、游戏中遇到的问题及解决策略、自己的新发现和新作品等进行回顾分享，帮助幼儿更好地理解和消化自己获得的学习经验，重述和重构经验。同时，教师通过这一环节了解幼儿的真实游戏水平及经验，思考下一步该如何支持和延伸幼儿的游戏。

三、体育活动

体育是幼儿教育的重要组成部分，也是促进幼儿身体发育、提高身体素质、增强活动能力和运动技能水平的重要途径。组织开展有效的体育活动，对促进幼儿身心健康发展有巨大作用。怀化市幼儿园根据本园实际，结合幼儿的年龄阶段、身体发育状况、兴趣爱好等多方面因素，通过晨间体能大循环、课间操舞、体育游戏、球类运动、体育教学和体育节等大力开展体育运动，让幼儿在循序渐进、寓教于乐的体育活动中愉悦身心、强健体魄，为步入小学奠定身心健康基础。

（一）晨间体能大循环

一日之计在于晨，灵活有趣的晨间体能循环让孩子每天清晨入园后选择自己喜欢的体育项目，在快乐的体能循环中激活身体机能，愉悦而又精神饱满地迎接一天的生活学习和游戏。多年来，怀化市幼儿园不断打造男教师团队，充分利用男教师性别优势和专业优势，探索和优化体能大循环，从“儿童为本”的角度提供材料、创设环境。同时，将幼儿纳入体育组教研活动中，听取幼儿的声音，了解他们对体育项目的兴趣，将体能循环设置为双区域、多路径，为孩子们提供钻、爬、跑、跳、足球、篮球和跳绳等不同内容及能力水平的挑战。幼儿可以根据自己的情况选择不同的区域，在体能活动的“自助餐”中不断尝试和挑战，建立自信、强健的体魄（图3-3-1、图3-3-2）。

图3-3-1　区域1安全区

图3-3-2　区域2挑战区

与此同时，为了不断完善和优化方案，幼儿园组织体育组与保健室积极联动，对幼儿在锻炼过程中的身体数据进行定期追踪，通过比对幼儿运动前后的心率、含氧量和呼吸频率，调整适宜的运动密度，分析运动过程中幼儿的磕碰伤情，论证体育材料和场地设置的安全性，并通过教研活动不断深化体能循环实践，使之成为幼儿园一道亮丽的风景，深受家长和孩子们的喜爱。

（二）课间操舞

课间操舞是传统的体育活动，如何让课间操舞变得有趣，真正达到提升幼儿身体素质、发展动作的目的，幼儿园从时间、空间、形式、内容和结构几方面着手，根据幼儿不同阶段身心发展特点，为小班、中班、大班三个年级打造了符合年龄特征的课间操。通过器械操、徒手操、游戏化队列练习及动作练习等不同的形式，让孩子们在欢快的节奏中发展速度、耐力、力量、柔韧性等身体素质。

（三）体育游戏

体育游戏是幼儿体育活动的主要形式，它是运动、游戏、指导三者的有机融合。体育游戏不同于表演游戏、结构游戏和角色游戏，按照组织形式可分为体育教学游戏和自主活动游戏两种。体育教学游戏中教师通常会设定明确且可调整的目标，选择适宜而富有趣味的游戏内容与形式，利用故事情景、场地布置来激发幼儿参与的兴趣。在游戏开展过程中，教师注意根据幼儿的年龄特点与游戏的复杂程度，运用恰当的语言讲解游戏内容与规则，并注意在游戏过程中培养幼儿的自主性与规则意识。自由活动游戏是以幼儿为主、幼儿自定的游戏形式，自选游戏器械、玩伴，自创游戏玩法。自主性的游戏活动既能满足幼儿的需要，又能发展幼儿的基本动作，增强体能和身体素质。

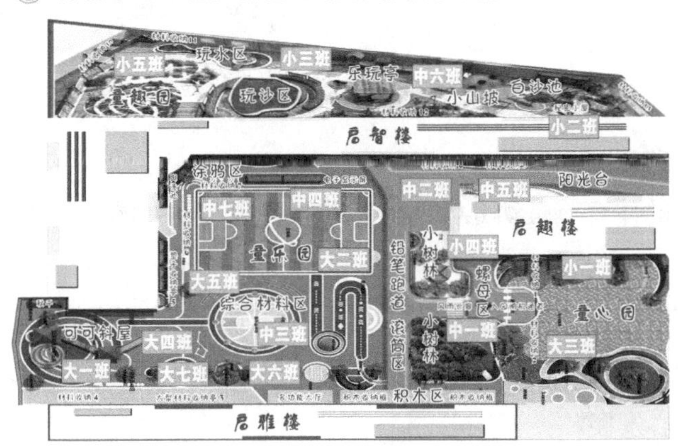

图3-3-3　户外区域

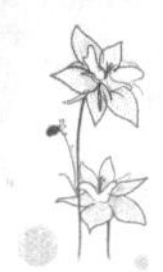

为了充分发挥体育游戏的作用，满足孩子的游戏需求，幼儿园根据园所实际情况，将户外场地划分为多个区域，在不同的区域投放能够满足不同年龄段幼儿体能发展需要的体育器材（图3–3–3）。

（四）球类运动

球类运动是以球作为基础的运动或游戏，是幼儿特别喜欢的运动。怀化市幼儿园基于幼儿的兴趣爱好和发展规律，结合园区现有条件和男教师资源，积极开展趣味性篮球和足球运动，激发幼儿运动的兴趣，促进幼儿身心健康成长（图3–3–4）。

我们遵循兴趣性原则、适合性原则、安全性原则，将球类运动与音乐、游戏融合，并根据幼儿身高、年龄等特点选择适宜高度的球网、篮球架等，利用走廊、楼梯、户外场地等布置专门的足球射门区、篮球投篮区、花样拍球区，还尝试提供一些辅助材料，如呼啦圈、魔法棒、小推车等，鼓励幼儿借助辅助材料，在原有基础上创新球类运动的玩法，以此锻炼幼儿手眼协调力、身体敏捷性和平衡力，提高竞争意识和合作意识。

图3–3–4　球类游戏

（五）体育节

一年一度的体育节是幼儿园的传统节日，也是幼儿园凸显体育教学特色的品牌活动。

幼儿园充分挖掘地域资源，大力开展具有本土特色的体能游戏，不仅让幼儿在传统体育游戏中找到快乐、自信，也培养了幼儿的体育精神，提升了身体素质，促进身心发展。

附：怀化市幼儿园2022年体育节方案

玩转运动·健康你我

为丰富幼儿园文化生活，增强幼儿对体育运动的兴趣，提升身体素质，弘扬团结合作、积极向上和勇于拼搏的体育精神，本园根据幼儿身心发展的特点，特制订“玩转运动·健康你我”体育节活动方案。

一、活动目标

1. 培养幼儿体育运动的兴趣和习惯，增强各年龄段幼儿动作的协调性和灵活性，进一步发展幼儿跑、跳、平衡、钻爬等动作，提高足球、篮球技能。

2. 激发幼儿运动潜能，培养勇敢、坚毅、合作的精神，增强集体荣誉感和规则意识。

二、活动主题

“玩转运动·健康你我”

三、活动时间

2022年11月28日—12月2日

四、活动对象

市幼全体教职员工、家长和幼儿

五、活动准备

1. 保教部准备：精心收集、整理师幼意见和建议，根据本园实际制定活动内容及要求。

2. 班级准备：与孩子们共同了解游戏的规则和玩法，做好入场队列准备。

3.家园配合：鼓励幼儿大胆参与，协助孩子准备游戏材料，并在家练习亲子游戏项目。

4. 体育组准备：布置竞赛场景，准备游戏道具、音响设备及奖品。

六、活动过程

具体活动过程参见表3–3–11。

表3–3–11　“玩转运动·健康你我”秋季梦体育节活动安排表

时间		活动流程	备注
11月28日	8：50—9：20	开幕式	幼儿提前到操场，整理着装鞋带，做好热身及赛前准备
	9：20—9：40	幼儿集体热身操	

续 表

时间		活动流程	备注
11月28日	9：40—11：00	大班组团体赛、亲子赛 项目：勇往直前	
	15：00—16：30	大班组篮球联赛	
11月29日	9：30—11：00	中班组团体赛、亲子赛 项目：抬轿子	
	15：00—16：30	大班组足球联赛	
11月30日	9：30—11：00	小班组团体赛、亲子赛 项目：蚂蚁运粮	
11月30日	15：00—16：30	闭幕式暨颁奖活动	体育组准备奖状和奖品

（一）开幕式

1. 升旗仪式。

2. 运动员入场（各班方阵列队入场）。

3. 园长致辞。鼓励小小运动员要遵守比赛规则，发扬勇敢、拼搏精神，善于合作。

4. 运动员代表、裁判代表宣誓。

5. 主持人介绍赛事安排。

6. 全园热身律动《加油呀》。

（二）赛事安排

1. 小班组亲子团体接力赛，参见表3-3-12。

表3-3-12　小班组亲子团体接力赛

游戏名称	小篮球带我来闯关
游戏准备	呼啦圈、篮球若干，大水瓶10个，拱门4个
游戏规则及玩法	以家庭为单位（1名家长和1名幼儿），家长背孩子踩过摆放好的呼啦圈，孩子独自爬过拱门（山洞），用呼啦圈套住篮球，倒退行进，将篮球运送到目的地后，幼儿站在原地将球滚向3米处的标志物，每击倒1个水瓶积1分。全队用时最少的班级获胜
赛事安排	第一轮：小一VS小二 第二轮：小三VS小四 第三轮：小五VS小六 第四轮：小七VS自愿陪赛班级

2. 中班组亲子团体接力赛，参见表3-3-13，图3-3-5。

表3-3-13　中班组亲子团体接力赛

游戏名称	抬轿子
游戏准备	绳梯2组、绑好回弹绳的篮球若干、乌龟背（雪糕桶）、障碍网
游戏规则及玩法	两位家长用木梯将孩子“抬轿子”运至出发点，幼儿双脚并拢跳过绳梯，再绕过乌龟背（雪糕桶），匍匐爬过障碍网，到达指定位置把篮球投进篮筐内。 全班投篮进球5个以内，总时间减10秒；投篮进球10个以内，总时间减20秒；以此类推，没有1人进球，不减分。全班用时最少者获胜
赛事安排	第一轮：中一VS中二 第二轮：中三VS中四 第三轮：中五VS中六 第四轮：中七VS自愿陪赛班级

图3-3-5　抬轿子

3. 大班组亲子团体接力赛，参见表3-3-14。

表3-3-14　大班组亲子团体接力赛

游戏名称	小射手
游戏准备	敏捷梯2个、钻山洞4个、大型绳索攀爬架2个、长板2个、足球2个、雪糕桶8个、足球2个、球门2个
游戏规则及玩法	幼儿分成人数相同的两组，首先双脚并拢跳过敏捷梯，翻过攀爬架，然后钻过山洞，走到平衡木中间往下跳，到达指定位置，家长绕障碍运球返回后将足球交还给幼儿，幼儿射门结束比赛。 全班射门进球5个以内，总时间减10秒；进球10个以内，总时间减20秒；以此类推，没有1人进球，不减分。全班用时最少者获胜

续 表

游戏名称	小射手
赛事安排	第一轮：大一VS大二 第二轮：大三VS大四 第三轮：大五VS大六 第四轮：大七VS自愿陪赛班级

4. 大班组足球、篮球游戏

（1）3VS3篮球联赛。各班抽签决定对手和出场顺序，每队出场3名队员，比赛分前、后半场，每半场各10分钟，中场休息5分钟，上下半场交换场地。比赛结束两队积分相同时，则举行延长赛5分钟，若5分钟后比分仍相同，则再次进行5分钟延长赛，直至比出胜负为止。在比赛时间结束时得分较多的队，将是比赛的胜者。

（2）5VS5足球联赛。各班抽签决定对手和出场顺序，每队出场5名队员，其中一名为守门员。比赛分前、后半场，每半场各15分钟，中场休息10分钟，上下半场交换场地。比赛结束两队积分相同时，双方各派5名球员踢5分钟球，进球较多的队为比赛的胜者。如踢5分钟球平局，由第6位候补球员踢5分钟球，直至决出胜负。

（三）闭幕式

1. 升旗仪式。

2. 主持人宣布比赛结果。

（各年级组设一等奖3名、二等奖4名，最佳组织奖1名）

3. 颁奖典礼。

4. 运动员代表发表获奖感言。

5. 园长对幼儿体育节表现给予表扬，鼓励幼儿加强体育运动，培养坚强、勇敢、自信的品质，并宣布体育节圆满落幕。

四、学习活动

（一）晨谈

晨谈即晨间谈话，是一种有计划、有目的、有组织的集体活动。不仅能促进师幼、幼幼之间的情感交流，也能引导幼儿关注生活中感兴趣的人和事物。

培养幼儿的倾听能力及语言交流能力。

晨谈的组织实施：

一是环境准备。首先各班应该规划出一块比较宽敞的空间，便于幼儿集中在一起舒适、自由地进行交流谈话。在这块区域可以由幼儿自己摆上小蒲团，或搬椅子坐成双半圆、小半圆，营造一种轻松的谈话氛围。其次在班级墙裙上呈现日历表、值日生安排表、区域计划表、新闻栏和任务栏等为晨谈提供支持。

二是晨谈目标与内容。在晨谈的目标、内容及时间分配上，教师会根据小中大不同年龄段幼儿的特点做相应的调整。选择的话题尽可能贴近幼儿的生活，符合幼儿兴趣和需求，让幼儿感到有话可说。如：身边的趣事、网络新闻、自然界变化、生活中的人与事。如表3–3–15。

表3–3–15　晨谈

时间	10分钟	15分钟	20分钟
目标	1.在老师的引导下愿意参与晨谈活动，能保持愉快的情绪。 2.能认真地倾听教师或同伴的讲话，并做出回应。 3.愿意大胆表达自己的想法和愿望	1.积极参与晨谈活动，喜欢与他人进行分享。 2.耐心倾听教师和同伴讲述，注意倾听有关信息。学会等别人讲述完再表达自己的想法。 3.能围绕主题较完整地进行讲述或表达自己的观点	1.喜欢晨谈活动，乐于进行语言分享交流。 2.能注意倾听老师或同伴讲话，轮流发言，有疑问时主动提问。 3.能围绕主题清晰完整讲述，使用比较丰富生动的词汇和语言
内容	1.共同关注（包括生活小管家职责介绍、日期、天气、幼儿来园人数统计等）。 2.主题谈话（可由老师发起主题，也可以由幼儿根据自己的能力进行儿歌等才艺展示）。 3.计划分享（幼儿进行区域、户外计划分享或材料介绍）	1.共同关注（包括生活小管家职责介绍、日期、天气、温度、湿度、幼儿来园人数统计）。 2.主题谈话（可由老师发起主题，也可以由幼儿播报趣事）。 3计划分享（一日计划分享或材料介绍）	1.共同关注（包括生活小管家职责介绍、日期、天气、温度、湿度、温差对比，幼儿来园人数统计、缺勤原因）。 2.主题谈话（可由老师发起主题，也可以由幼儿进行新闻播报）。 3.计划分享（一日计划分享或材料玩法介绍）

续 表

时间	10分钟	15分钟	20分钟
要求	在老师引导下了解日期、天气情况，并进行来园幼儿人数统计等，小班可由幼儿口述，老师进行记录	了解当天日期、天气并统计来园幼儿人数，中班幼儿可由生活小管家或教师进行记录，其他幼儿口述	了解当天日期、天气并统计来园幼儿人数，可由生活小管家进行记录，其他幼儿口述

三是晨间活动流程。

（1）请出“生活小管家”进行自我介绍和说明小管家具体任务。如：我是×××，是今天的小管家，我的任务是照顾小动物、擦桌子、摆餐盘……（小中大“生活小管家”任务不一样）。

（2）幼儿看时钟、日历及气温表，说出具体时间、当天的日期和天气、温度等。如今天是几月几号？现在是几点钟？天气怎样？……（根据实际情况由教师或幼儿进行记录）幼儿完整复述。

（3）由播报员进行今日新闻播报或才艺展示。

（4）进行主题谈话。如教师发起话题：最近新闻报道了一所幼儿园隔壁发生火灾的事情，应该怎样防止火灾，保护好自己？

（5）计划分享交流。请小朋友来介绍一下自己的区域计划、户外自主游戏计划或任务安排。如区域计划分享：今天想玩什么材料？跟谁一起玩？户外自主游戏计划分享：今天我们的户外场地是哪里？你想怎么玩？任务安排：今天×××、×××小朋友的任务是修补图书，或第一小组的任务是跟老师一起测量幼儿园的树，找到最大的树和最小的树，并进行记录。

（二）主题教学

主题教学是大部分幼儿园教育教学的主要模式。主题教学是根据幼儿的兴趣和发展需求，结合季节性、节日性，以贴近幼儿生活的某一主题为主线，组织开展的一系列教育活动。在主题教学活动中，教师需要根据具体内容选择适宜的组织形式，有集体的、小组的，也有个别的，而集体教学在主题教育活动中起到“画龙点睛”的作用，它能让幼儿带着问题在活动中探索新知，总结梳理零散的经验，完善相关知识体系的建构，激活幼儿思维，不断建构新经验。

第四章列举的幼小衔接主题活动均以《指南》教育目标及《幼儿园入学准备教育指导要点》中的身心、生活、社会、学习准备发展目标为依据，渗透小、中、大全程衔接，大班重点衔接的理念，分别设计了小、中、大各阶段的主题活动。其中主题来源、主题活动目标和主题活动内容上均是基于对儿童兴趣、需求和年龄特点的考虑，将“这个主题可以做什么”转变成“这个年龄的幼儿适合开展什么活动”。主题的确定、内容的选择等都由师幼共同完成，并共同实施。在这样的主题活动中，儿童的主体性得到充分尊重，教师也发挥着应有的教育作用。

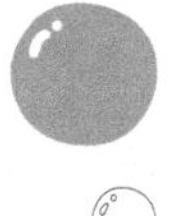

第四章 幼小衔接主题活动

幼儿园主题活动是综合性课程实现的一种方式。幼小衔接主题活动则是指在一段时间内以主题为载体设计的涵盖了五大领域的一系列教育教学活动，主要目的是促进幼儿情感、生活、交往、学习等综合能力的发展，为入小学做准备。它以《3—6岁儿童学习与发展指南》和《幼儿园入学准备教育指导要点》中的发展目标为依据，根据小中大不同年龄段幼儿的发展规律、年龄特征及兴趣需求设计而成。主题有的是教师基于观察而发起，有的则是由幼儿自己发起，以探索和发现式学习为主，拓展与主题相关的问题和概念。

第一节　小班主题活动

主题活动一：我上幼儿园

叶容容　宁婧霞　杨睿　邓艳芳

一、主题来源

小班幼儿从经历分离焦虑到建立归属感需要经过三个阶段：反抗——号啕大哭、又踢又闹；失望——断续哭泣，不理睬他人，表情迟钝；超脱——接受他人照料，开始进行正常活动。如何让孩子尽快进入“超脱”阶段，需要教师为他们提供支持，建立对教师、同伴的熟悉感和亲切感，从而达到愿意上幼儿园、喜欢上幼儿园的美好期待。根据这一现实需要，我们确定了本次主题活动“我上幼儿园”，拟从“入园体验日”“我的新朋友”“礼貌小宝贝”“我的新本领”四个子主题开展活动，帮助幼儿与环境建立有效连接，满足幼儿入园适应的情感需要（图4–1–1）。

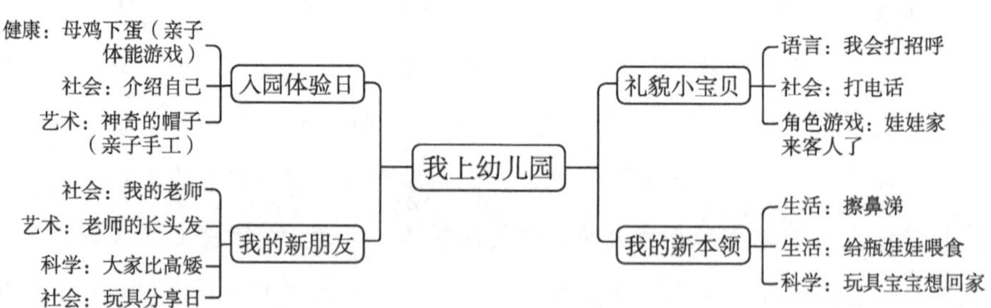

图4–1–1　“我上幼儿园”主题网络图

二、主题活动目标

（1）逐步适应集体生活，愿意上幼儿园，体验幼儿园活动的乐趣，并初步感知自己的成长变化。

（2）了解幼儿园的环境，熟悉同伴、老师，消除陌生感、恐惧感。

（3）学习有礼貌地与人交往，大胆表达自己的意愿与情感，懂得与人分享，养成良好的生活礼仪习惯。

三、主题活动内容

（一）健康：母鸡下蛋（亲子体能游戏）

【活动目标】

1. 体验和家长一起游戏的快乐，增进亲子感情。
2. 能和妈妈一起点出海洋球的个数，比较多少。
3. 在捡球过程中发展手眼协调能力和反应能力。

【活动准备】

母鸡下蛋游戏盒10个；海洋球若干；盆子10个。

【活动过程】

1. 准备活动。

10人一组，妈妈们将游戏盒绑在腰间，每个盒子里装相等数量的海洋球。

2. 随着音乐运动。

音乐响起，妈妈们通过跳跃、扭臀等动作，将球抖出盒子，宝宝们将球捡到自己的盆子里。

3. 音乐结束，停止游戏，一起数一数捡到的“蛋”，盆里“蛋”最多的宝宝获胜。

图4-1-2　母鸡下蛋

（二）社会：介绍自己

【活动目标】

1. 愿意在集体面前打招呼，认识新朋友。
2. 了解游戏规则，能较完整、清晰地介绍自己。

【活动准备】

布娃娃、轻音乐；幼儿知道自己的姓名、年龄及生活喜好。

【活动过程】

1. 教师导入。

教师拿出布娃娃和大家打招呼：大家好，我是天天，今年3岁了，你想和我成为朋友吗？请你介绍一下自己吧！

2. 游戏：介绍自己。

游戏玩法：教师背对幼儿，音乐开始，幼儿依次传递布娃娃，当音乐停止时，布娃娃在谁的手上，谁就来介绍自己（引导幼儿说出姓名、年龄、喜欢做的事情等）。

3. 互相认识。

爸爸妈妈带着宝宝和旁边的孩子打招呼，握握手、抱一抱，互相认识。

（三）艺术：神奇的帽子（亲子手工）

【活动目标】

1. 体验亲子制作的乐趣，感受成功的喜悦和亲子走秀的快乐。

2. 初步学习对边、对角折的方法，并尝试用多种材料装饰帽子。

【活动准备】

1. 各种帽子实物，彩色皱纹纸、卡纸。

2. 双面胶、胶棒、订书机、剪刀、裁纸刀等工具。

3. 贴纸、海洋球、蝴蝶结等装饰材料。

【活动过程】

1. 展示帽子。

教师出示帽子实物，欣赏多种多样的帽子。

2. 介绍材料。

介绍材料，激发幼儿制作帽子的兴趣。

3. 亲子制作帽子。

家长和孩子一起合作制作帽子。

4. 帽子T台秀。

（四）社会：我的老师

【活动目标】

1. 愿意亲近老师，增进对老师的信任感和依恋感。

2. 认识自己的老师，初步了解老师的工作。

3. 能有礼貌地和老师打招呼，大胆表达对老师的爱。

【活动准备】

老师照顾幼儿或与幼儿一起游戏的照片、视频等；音乐《找朋友》。

【活动过程】

1. 教师自我介绍。

（1）师：小朋友们好，我是 × × 老师！我喜欢唱歌、跳舞和玩游戏，你愿意和我做朋友吗？

（2）师幼互相问好，打招呼。

2. 了解老师的工作内容，体会老师的辛苦。

师：我们班有几位老师？老师平时做些什么？是怎么照顾我们的？

幼儿自由回答，教师出示照片，总结。

3. 游戏：找朋友。

师幼共同随音乐游戏，找到朋友后握握手、抱一抱等，增进师幼之间的感情。

4. 表达对老师的爱。

师：你喜欢老师吗？你想对老师说什么？

（五）艺术：老师的长头发

【活动目标】

1. 通过观察，了解老师头发的基本特征。

2. 能运用直线、波浪线、曲线等，大胆绘画老师的头发。

3. 在创作的过程中，体验爱老师的情感。

【活动准备】

老师头部造型图；勾线笔。

【活动过程】

1. 谈话导入。

师：请你仔细观察，老师的头发是什么样的？

小结：有的老师的头发是长长的直直的、有的老师的头发是长长的卷卷的，我们的头发都很好看。

2. 幼儿创作，教师巡回指导。

（1）学习画波浪线、直线。

师：直直的头发可以怎么画呢？卷卷的头发怎么画呢？请你把小手变成小画笔试一试吧。

（2）主动创新，为老师设计新发型。

师：请你画一画老师的头发吧，你也可以给老师设计新的发型哦。

3. 展示交流。

展示幼儿作品，请幼儿互相欣赏评价。

师：你最喜欢哪一位老师的发型？为什么？

（六）科学：大家比高矮

【活动目标】

1. 乐意参与到和同伴比高矮的游戏中。

2. 认识高矮，能通过目测比较高矮，探索比较两个物体和三个物体高矮的方法。

3. 引导用较完整的语句讲述比较结果。

【活动准备】

音乐《小矮人与大巨人》；情境视频。

【活动过程】

1. 律动导入：小矮人和大巨人。

师幼跟随音乐做小矮人与大巨人的动作，体验高矮。

2. 讨论正确比高矮的方法。

（1）情境1：女孩站在凳子上、男孩站在地上。

师：请你们比一比，谁高谁矮？为什么？

（2）情境2：男孩不服气了："哼，她站在椅子上，当然比我高。"说着男孩又站到了桌子上。

师：他们这样能比出高矮吗？为什么？

（3）师幼共同讨论正确比高矮的方法。

师：原来，要他们站在同样高的地方，都站直了，才能真正地比出高矮。

3. 游戏：两个朋友比高矮。

（1）请幼儿自由找朋友比一比高矮。

（2）请两名幼儿上台比较高矮，引导幼儿完整说出："×××比×××高，×××比×××矮。"

4. 游戏：三个朋友比高矮。

（1）请三个小朋友为一组，比较高矮。

（2）师幼讨论三个朋友比高矮的方法：先找到最高（矮）的，再将剩下的两个进行比较。

（七）社会：玩具分享日

【活动目标】

1. 体验和同伴一起玩玩具的乐趣。

2. 能用较完整的语言大胆介绍自己的玩具，并用适当的方法与同伴分享玩具。

3. 养成爱惜玩具、收纳玩具的好习惯。

【活动准备】

每个幼儿带1—2件玩具入园，并做好标记。

【活动过程】

1. 介绍自己的玩具。

师：今天大家都带了自己喜欢的玩具来，谁来介绍一下自己的玩具呀？（引导幼儿说出玩具的特征及玩法）

2. 分享玩具。

（1）讨论分享规则，引导幼儿要礼貌提出请求，并注意爱惜玩具。

（2）幼儿自由玩玩具。

3. 送玩具回家。（提醒幼儿将玩具放到固定位置，离园时记得拿回家）

（八）语言：我会打招呼

【活动目标】

1. 愿意与人主动打招呼。

2. 知道打招呼是一种有礼貌的行为，学会说"你好""早上好""再见"等礼貌用语。

3. 逐渐养成认真倾听与大胆表达的习惯。

【活动准备】

1. 小熊、猴子、小猪、兔子、小青蛙等动物头饰。

2. 音乐、图片、视频。

【活动过程】

1. 故事导入，引导幼儿打招呼。

（1）小朋友，你们上幼儿园的路上会遇见谁？你会说些什么？

（2）有只小熊也去上幼儿园，看看它遇到了谁？

（3）教师讲述故事，幼儿聆听。

2. 理解故事，学习礼貌用语。

（1）小熊先遇到了谁？他说了什么？

（2）学习礼貌用语“你好！”（个别、集体分别练习）

（3）接着小熊又遇到了谁？他说了什么？

（4）引导幼儿仿说句子“××××，你们好！”

（5）小熊遇到兔哥哥和兔姐姐，说了什么？

（6）最后，小熊遇到小青蛙，它是怎么做的？

3. 角色扮演，练习打招呼。

（1）这只小熊真有礼貌，我们一起来向它学习吧！

（2）师幼角色扮演，练习打招呼的语言。

教师扮演小青蛙，一组幼儿扮演小猴一家，一组幼儿扮演小猪一家，一组幼儿扮演小兔一家，请一名幼儿扮演小熊，并戴上相应的头饰，一起表演故事。（交换角色扮演）

4. 迁移经验，鼓励幼儿打招呼。

（1）小熊到了幼儿园，还会遇见谁？

（2）如果你是小熊，你还会和谁打招呼，怎么打招呼的？

小结：你们真能干，会和老师、小朋友、许多人打招呼了，希望你们做个会主动打招呼的好宝宝。

故事：

我会打招呼

新学期开学了，小熊去幼儿园，路上遇到了小猴子。

咦，站在小猴子身旁的是谁？笑眯眯的满脸皱纹，和我爷爷奶奶差不多，原来是猴爷爷和猴奶奶。“爷爷奶奶，你们好！小猴子，你好！”“小熊，你好！”“再见！”

“再见！”小熊继续往前走。

咦，谁在给哭鼻子的小猪亲亲？小猪马上就笑了，和我爸爸妈妈差不多，原来是猪爸爸和猪妈妈。“叔叔阿姨，你们好！小猪，你好！”“小熊，你好！”“再见！”

“再见！”小熊继续往前走。

咦，谁拉着小兔子一起吃棒棒糖？笑得甜甜的，和我哥哥姐姐差不多，原来是兔哥哥和兔姐姐。“哥哥姐姐，你们好！小兔子，你好！”“小熊，你好！”“再见！”

“再见！”小熊继续往前走。

咦，谁藏在大树后？和我害羞的时候差不多，原来是新同学小青蛙呀！“你好，我是小熊，我们交个朋友吧！”

小青蛙红着脸，也说：“你好！”

打招呼，一点也不难。我是会打招呼的小熊，比自己想象得更勇敢。你呢？

（九）社会：打电话

【活动目标】

1. 明白打电话能快速知道许多事情，喜欢学习打电话。

2. 学习接打电话的礼貌用语和注意事项。

3. 感受打电话给生活带来的方便。

【活动准备】

纸杯、毛线、电话机。

【活动过程】

1. 复习歌曲《打电话》引出活动主题，引发幼儿对活动的兴趣。

师：你们会唱打电话的歌曲吗？我们一起来唱一唱。

师：你们知道歌曲里唱了一件什么事情吗？（两个娃娃打电话的事情）

小结：刚刚我们唱了一首《打电话》的歌曲，歌曲唱了一件两个小娃娃打电话的事情。

2. 鼓励幼儿说出自己打电话的经验。

（1）你们平时打过电话吗？你和谁打过电话？

（2）请你和好朋友说一说。（引导幼儿相互交流自己打电话的经验）

小结：教师根据孩子的讨论结果进行小结。

3. 引导幼儿学习接打电话时的礼貌用语和注意事项。

（1）老师在口袋里拿出一部手机，手机铃响了："喂，您好，请问你找谁？……请稍等，我正在给小朋友上课，等下课后再打给你，好吗？再见！"

（2）引导幼儿回忆并复述刚才老师打电话的内容：小朋友，老师刚才在做什么？说了些什么？

（3）请幼儿说说打电话时应该怎样礼貌地与人交谈？（引导幼儿举手告诉老师）

小结：在接打电话时，主动拨电话的一方要先说自己是谁，再说要"请"谁来接电话；打错了电话时，要说"对不起"；接电话的一方要说"请问您找谁、请稍等、对不起，您打错了"等；双方在接打电话时都要主动说"您好"，挂电话时都要说"再见"。

（4）师：打电话还要注意哪些问题呢？

引导幼儿说出：打电话的时间不要过早或过晚，以免影响别人休息；也不能在别人工作、学习或有事的时候打电话。

4. 幼儿尝试用礼貌用语两两结伴玩"打电话"的游戏。

（1）刚才小朋友们了解了应该怎样打电话了，那我们现在就把自己的一只手当作小电话，和身边的小朋友来玩一玩"打电话"的游戏吧！

（2）带领幼儿玩"打电话"的游戏，尝试使用各种礼貌用语。

5. 制作"电话"。

（1）刚才小朋友们都学会怎样打电话了，可是你们想不想自己动手学做电话机呢？

（2）引导幼儿用毛线、一次性纸杯制作"电话"。

小结：把毛线的一头绑在牙签上，将毛线的另一头从杯子上面的小洞穿过去，然后再穿过一个杯子，将毛线绑在另一个牙签上，瞧！电话就这样做好了。小朋友在室内自主游戏时也可以去试一试。

6. 结束活动。

电话是方便人们相互联络的工具。在接打电话时，我们不仅要注意使用礼貌用语，还要选择适当的场合和时间。

（十）角色游戏：娃娃家来客人了

【活动目标】

1. 能够自主选择角色，和同伴一起游戏。

2. 学习使用简单的礼貌用语招待小客人。

【活动准备】

小桌子、椅子、茶壶、杯子、围裙、帽子等。

【活动过程】

1. 回顾做客经历。

回顾到朋友家做客的经历，帮助幼儿梳理生活经验。

2. 角色扮演做客。

（1）幼儿自主选择游戏角色，进行装扮，自主游戏。

（2）教师观察，及时给予支持与指导。

3. 游戏结束，请幼儿分享做客的感受。

（十一）生活：擦鼻涕

【活动目标】

1. 学习正确的擦鼻涕方法。

2. 养成爱干净、讲卫生的生活卫生习惯。

【活动准备】

餐巾纸。

【活动过程】

1. 教师示范擦鼻涕的方法。

教师双手打开餐巾纸进行对折，把餐巾纸捂在鼻子上向中间捏拢擦拭。

2. 做个爱干净的宝宝。

幼儿知道及时擦鼻涕，并在日常生活中学习正确的擦鼻涕方法，做个爱干净的好宝宝。

（十二）生活：给瓶娃娃喂食

【活动目标】

1. 乐于观察不同形状的食物，体验给瓶娃娃喂食的乐趣。

2. 知道喂食的方法，能按照食物的形状和瓶娃娃的形状对应去喂食。

3. 锻炼观察能力和形状分类能力。

【活动准备】

各种形状食物图片或各种形状的积木片、贴有图形标志的瓶子。

【活动过程】

1. 观察食物的形状及瓶子上的标志。

教师适时引导幼儿发现食物形状与瓶子上标志的联系，了解游戏玩法。

2. 幼儿实操演练。

幼儿自主操作为瓶娃娃喂食，教师观察、指导。

3. 幼儿选择不同形状的食物给瓶娃娃喂食。

（十三）科学：玩具宝宝想回家

【活动目标】

1. 喜欢参与分类游戏，体验帮助别人的快乐。

2. 通过观察，建立玩具与标识对应的关系。

3. 能在游戏中按照标识将玩具对应分类。

【活动准备】

1. 3个大筐，筐上贴有标识（汽车类、娃娃类、积木类）。

2. 玩具汽车、娃娃、积木若干，操作卡“送玩具宝宝回家”。

【活动过程】

1. 创设情境：散落一地的玩具，播放哭的声音。

师：咦，谁在哭呀？（捡起娃娃）

讨论：娃娃为什么会哭？是谁让它这么难过的？

师：原来小朋友忘记将娃娃送回家了，咱们玩了玩具后一定要记得把它们放回原处哦！

2. 出示3个大筐，学习将玩具对应分类。

（1）观看大筐上的标识（汽车类、娃娃类、积木类），孩子了解有汽车图片标识的筐里只能放汽车玩具，有娃娃图片标识的筐里只能放娃娃玩具，有积木图片标识的筐里只能放积木玩具。

（2）请个别幼儿展示：将玩具送到相应的筐里。

（3）幼儿人手一个玩具，开始游戏“送玩具回家”。

交代注意事项：孩子们一定要看清楚筐上的标识，千万不要把玩具送错了家哦！

（4）检查每个筐里的玩具是否正确。

3. 完成操作卡“送玩具回家”。

【活动延伸】

帮教室里的物品（杯子、椅子、毛巾……）找家。

主题活动二：我是健康小宝贝

杨丽华　姚沣桐　魏雅茹　赵希林

一、主题来源

身心健康对于每个人来说都至关重要，幼儿健康快乐地成长是幼儿园的根本宗旨，也是幼儿园活动开展的基石。对于刚进入新环境的小班孩子，周围的环境和人际氛围无时无刻不在影响着他们的情绪。他们需要适应幼儿园的环境，迎接集体生活中的种种挑战。而情绪与健康和坚韧力的发展密切相关，也影响着幼儿的自尊心与自信心、人际关系、学习兴趣、解决实际问题的能力等多个方面。本主题从“情绪小侦探”“身体小管家”“运动小达人”“安全小卫士”四个子主题展开，引导幼儿在游戏、生活中初步感受自己情绪变化，学会爱护自己的身体，增强自我保护意识，提高身体素质（图4–1–3）。

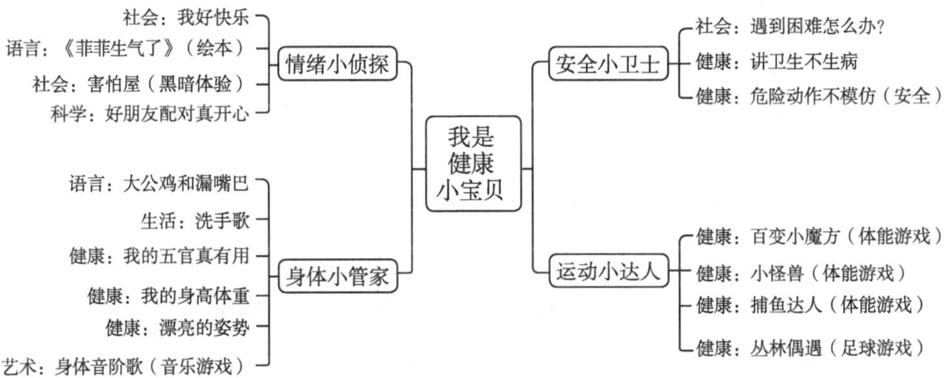

图4–1–3　“我是健康小宝贝”主题网络图

二、主题活动目标

（1）帮助孩子认识生气、恐惧、开心等多种情绪，引导孩子尝试管理、表达自己的情绪，学习做情绪的小主人，促进幼儿健康力和坚韧力的发展。

（2）探索身体的奥秘，初步了解眼睛、鼻子等人体器官的主要作用，掌握简单的自我保护方法。保持站、行、坐等正确姿势，知道其与健康的关系，养成不挑食、讲卫生、爱干净等良好的生活卫生习惯。

（3）乐意参加各类体育运动，感受运动带来的愉快。能听口令和信号，做出相应反应，进一步发展倒退跑、躲闪跑、转圈等基本动作，培养幼儿规则意识和任务意识，提高安全预判和自我防护能力。

三、主题活动内容

（一）社会：我好快乐

【活动目标】

1. 初步尝试与他人分享，感受分享的乐趣。

2. 认真倾听、理解故事主要情节，大胆表达自己的想法。

3. 培养幼儿与人分享、合作的社会品质及关心他人的情感。

【活动准备】

1. 知识经验准备：事先让幼儿与同伴分享自己带来的水果。

2. 物质准备：教学PPT、桃子、玩具等。

【活动过程】

1. 出示一个桃子。

师：这是什么？大家都想吃吗？那怎么办？

2. 播放课件，分段欣赏故事。

（1）欣赏故事第一、二页。

师：你们看到了什么？猜猜它们在做什么？

（2）欣赏故事第三页。

师：小熊为什么把蜂蜜藏起来？（幼儿讨论，并大胆想象）

（3）欣赏故事第四到七页。

师：当其他小伙伴发现小熊没有把食物拿出来，大家心里是怎么想的？

（4）欣赏故事第八到十页。

师：为什么小熊的脸上是笑眯眯的？

3. 完整欣赏故事，进一步感知分享的乐趣。

小结：我们关心别人，别人就会快乐。看到别人快乐，我们也会感到快乐。

【活动延伸】

与同伴分享玩具。

（二）语言：《菲菲生气了》（绘本）

【活动目标】

1. 在感知故事内容的基础上，理解角色特点，萌发对文学作品的兴趣。

2. 了解菲菲情绪变化的过程及原因，知道遇到不愉快的事情要学会自我调节。

3. 围绕故事情节展开讨论并能清晰地表达自己的想法。

【活动准备】

《菲菲生气了》绘本故事PPT。

【活动过程】

1. 观察PPT画面。

师：这个小孩叫“菲菲”，你们发现她怎么了？

2. 围绕故事线索，展开讨论。

（1）菲菲为了什么事而生气呢？

（2）菲菲用了哪些方法让自己不生气？

3. 联系生活，幼儿讨论。

师：当你生气的时候，有什么好办法让自己开心起来？

小结：每个人都会生气，但要学会调节好自己情绪。比如说：跟好朋友聊一聊、听听歌曲等等，让我们做快乐每一天的小天使，好吗？

4. 完整讲述，重温故事。

（三）社会：害怕屋（黑暗体验）

【活动目标】

1. 感受黑暗的宁静与美好，消除对黑暗的恐惧感。

2. 在老师的引导下大胆说出在黑暗中消除恐惧的方法。

3. 发展幼儿的观察、分析能力及坚强、勇敢的品质。

【活动准备】

小兔头饰一个、大纸箱做成的山洞一个。

【活动过程】

1. 情景表演：帮帮小兔子。

（1）教师扮演小兔，表演故事：晚上，爸爸、妈妈去加班，小兔一个人在家准备睡觉。突然，停电了，房间里黑黑的，小兔特别害怕。

（2）“小兔”提问：“如果你像我一样，黑黑的夜里一个人在家，你会不会害怕？怎么办呢？小朋友们快帮帮我吧！”（幼儿讨论，讲出帮助“小兔”的方法）

（3）“小兔”根据小朋友们的帮助，总结出：给爸爸妈妈打电话、用手电筒照亮、想想高兴的事情、抱着心爱的玩具及唱歌等方法可以帮助自己不害怕。

2. 游戏：钻山洞。

（1）教师继续扮演小兔，表演故事：今天小兔要上山采蘑菇，挎起篮子出门喽！可是路上要经过一个大山洞，黑黑的山洞有点可怕！

（2）“小兔”来到“山洞”前，往里看看，说：“山洞里好黑啊！我该怎么办？”请幼儿帮忙想办法。（幼儿讲述自己的办法）

（3）“小兔”先请几名勇敢的小朋友试探着穿过山洞，说一说黑黑的“山洞”可怕吗？鼓励其他幼儿尝试过“山洞”。

（4）“小兔”在大家的帮助下顺利通过“山洞”。

小结：其实黑暗的地方并不可怕，我们可以待在暗处慢慢适应一会儿，也可以借助手电照亮，小朋友们还可以结伴一起行动。

3. 欣赏散文《夜晚多美》。

欣赏散文《夜晚多美》，感受黑夜的宁静与美好，消除对黑暗的恐惧。

“小兔”：谢谢小朋友们的帮助，其实静静的夜晚是很美的。

（四）科学：好朋友配对真开心

【活动目标】

1. 尝试将有关联的物体进行一一匹配，体验匹配游戏带来的乐趣。

2. 了解生活中一些物品之间的联系，初步获得相应的经验。

3. 初步培养幼儿的观察能力和连接思维。

【活动准备】

1. 实物准备：牙膏、牙刷、锁、钥匙、衣服、衣架、碗、勺子。

2. 课件PPT。

3. 幼儿操作材料：各种上衣、裤子、垃圾铲、笤帚、电脑、鼠标、吊兰花卉、盆景花盆的图片。

4. 水彩笔若干支、黑板一块。

【活动过程】

1. 出示实物，进行找朋友，引起幼儿兴趣。

（1）出示实物牙膏、牙刷、锁、钥匙、衣服、衣架、碗、勺子，让幼儿观察并说出名称和用途。

（2）进行两两找朋友：牙膏和牙刷，锁和钥匙，衣服和衣架，碗和勺子。

（3）师：为什么它们是好朋友？它们之间有什么联系？

2. 播放课件：帮小熊家收拾房间。

（1）出示小熊以及小熊凌乱的房间PPT，引起幼儿的好奇心。

（2）请幼儿帮小熊家收拾房间：桌子和椅子，遥控器和电视，花瓶和鲜花，鞋架和鞋子。（幼儿进行大胆的猜测，教师出示结果进行验证）

（3）师：为什么要这样收拾物品？它们之间有什么联系？

3. 幼儿进行物品匹配操作。

（1）出示需要进行匹配的物品，请幼儿观察并说出名称。

（2）分发操作卡，幼儿进行连线操作。

4. 展示幼儿的操作结果，进行点评。

（五）语言：大公鸡和漏嘴巴

【活动目标】

1. 认真倾听故事，感受故事情节的有趣。

2. 理解故事主要内容，能复述故事中的简单句，并理解“东瞧瞧、西看看”的词义。

3. 了解吃饭不掉米粒的好方法，逐步养成良好的进餐习惯。

【活动准备】

幼儿餐后桌面和地面的图片、故事图片、故事视频。

【活动过程】

1. 出示小弟弟的图片，导入故事。

师：这个小弟弟在干吗？他是怎么吃饭的？今天老师要给小朋友讲一个小

弟弟吃饭的故事，故事的名字叫作《大公鸡和漏嘴巴》。

2. 播放PPT，教师分段讲述故事。

（1）教师讲述故事第一段，进行提问。

师：刚才故事里说了谁？他在干什么？他是怎样吃饭的？（一边吃一边朝着花蝴蝶飞来飞去）

大公鸡看见了，是怎么说的？（好运气、好运气，碰到一个漏嘴巴的小弟弟）引导幼儿学说大公鸡说的话。

（2）教师讲述故事第二段，进行提问。

师：大公鸡抬头一看，看见了什么？引导幼儿观察并说出小弟弟的裤子上有饭粒，衣服上有饭粒，嘴巴上也有饭粒。

小弟弟是怎么说的？（大公鸡、大公鸡，别啄我）大公鸡又是怎么说的？（小弟弟，我不啄你，你的××上有饭粒），引导幼儿学习大公鸡与小弟弟的对话。

谁能帮助小弟弟想出一个不掉饭粒的好办法？（幼儿自由发言）

我们看看奶奶是怎么说的？（复述词组：东瞧瞧、西看看）

（3）教师讲述故事第三段，进行提问。

师：小朋友猜一猜这一次小弟弟有没有掉饭粒？他是怎么吃饭的？大公鸡找到饭粒了吗？为什么？

3. 完整地讲述故事。

提问：小弟弟真的是漏嘴巴吗？大公鸡为什么说小弟弟是个漏嘴巴？平常在吃饭的时候怎样才能不做漏嘴巴？

小结：扶住碗、拿起勺；看小碗，不说话；身体下巴靠靠好，吃得干净身体棒！

【活动延伸】

在进餐过程中组织“不做漏嘴巴”的游戏，逐渐培养幼儿良好的进餐习惯。

（六）生活：洗手歌

【活动目标】

1. 理解儿歌内容，知道洗手的步骤及方法。

2. 养成勤洗手、爱干净的好习惯。

【活动准备】

布娃娃一个。

【活动过程】

1. 情景导入。

设置情景，教师讲述布娃娃生病的原因。

2. 教师介绍正确的洗手方法。

卷袖子—搓手心—搓手背—擦肥皂—冲一冲、洗一洗—甩一甩、擦一擦。

3. 教师示范。

教师边念儿歌边示范洗手动作。

（七）健康：我的五官真有用

【活动目标】

1. 愿意参加各种五官体验游戏，感受五官的重要性。

2. 初步了解五官的各个组成部分，及其相关的用途。

3. 知道保护五官的重要方法，懂得爱护自己的五官。

【活动准备】

1. 各种关于五官的不良习惯的图片。

2. 望远镜、镜子、酸甜苦咸的食物、鲜花、沙锤等，口罩、眼罩、耳塞等。

【活动过程】

1. 游戏“找五官”，直接引出话题。

（1）听指令做动作。

（2）师：你们都找到了它们的位置，那我们一起看看，它们都可以用来干什么？

2 .在看一看、尝一尝、听一听、闻一闻等多种感官中，发现五官的秘密。

（1）分别准备四组物品，如望远镜、镜子、酸甜苦咸的食物、鲜花、沙锤等。

师：我们一起玩玩这些物品，看看能发现什么秘密？说一说，你是怎么发现的？

小结：对，我们是通过鼻子、眼睛、嘴巴、耳朵来探索的秘密，这就是五官，是我们身体重要的器官。

（2）边念儿歌，边将对应的图片放置在娃娃的脸上，感知五官的特点及位置。

小结：刚刚我们发现的小秘密是：鼻子本领大，长在最中央，闻味最在

行；鼻子上面是眼睛，看什么都要它；鼻子下面是嘴巴，吃东西都靠它；耳朵耳朵最听话，长在头两旁。

3. 幼儿戴上口罩、眼罩、耳塞等物品，再次感受不同物品的特性，了解五官的重要性。

师：刚刚你们有什么感受？如果没有眼睛、鼻子、嘴巴等，猜猜会怎么样？

4. 观看PPT，共同探讨保护五官的方法。

（1）幼儿自由交流，讨论保护五官的方法。

师：我们应该怎么保护它们呢？

（2）游戏“我知道对错”：结合生活的不良行为，判断图片中行为的对错，并找到正确的解决方法。

（3）教师小结保护五官的方法。

【活动延伸】

在室内自主游戏中玩“贴五官”的游戏。

（八）健康：我的身高体重

【活动目标】

1. 体会慢慢长大的快乐，体验集体体检的乐趣。

2. 初步了解体检的主要项目及测量身高、体重的主要仪器。

3. 尝试量一量、称一称，比较不同阶段的身高及体重数据。

【活动过程】

1. 导入。

回忆以往的经验，了解体检的主要项目及相关仪器。

2. 了解仪器。

知道测量身高、体重仪器上面的刻度代表的含义。

3. 对比结果。

对比以前的测量结果，知道自己正在不断地长大。

（九）健康：漂亮的姿势

【活动目标】

1. 学会正确的走路、站立、坐等方面的姿势。

2. 欣赏图片，了解人体正确的姿势，逐步养成正确的站、坐、行走姿势的好习惯。

3. 知道不同的姿势会对人体骨骼的生长造成一定的影响。

【活动准备】

两幅脊柱图，直的、弯曲的各一幅。不同姿势的图片。

【活动过程】

1. 图片导入。

出示两幅脊柱的图片，引导幼儿观察。

师：这是人体的脊柱骨骼图，它们之间有什么不一样的地方？为什么会这样？

2. 说一说自己对人体骨骼的认识。

小结：骨骼是我们身体的重要支架，骨骼吸收营养会长长、变硬、变粗，我们就会长高。但骨骼也会因为你姿势的不同，长成不一样的形状。

3. 观察图片，了解正确的站、坐、行走的姿势。

（1）观看不同姿势的图片。

师：图片上的小朋友在干什么？姿势是什么样的？哪些姿势是正确的？哪些是不正确的？为什么？

（2）幼儿分组进行动作姿势的练习，引导幼儿形成正确的姿势。

（十）艺术：身体音阶歌（音乐游戏）

【活动目标】

1. 体验音乐活动的有趣。

2. 认识身体部位，能根据指令快速指出自己的身体部位。

3. 初步了解基本的音阶高低，熟悉音乐的旋律，能跟随歌曲中的歌词及音阶做游戏。

【活动准备】

音乐《身体音阶歌》；图谱。

【活动过程】

1. 玩“石头剪刀布”的游戏。

赢的一方迅速说出身体部位名称，输的一方快速指认，然后互换。

2. 玩转身体音阶歌。

（1）欣赏《身体音阶歌》。

（2）出示图谱，了解身体部位所对应的音阶，如摸摸你的小脚——dododo，

摸摸你的膝盖——rererere。

（3）根据歌曲做出相应的动作。

（十一）社会：遇到困难怎么办?

【活动目标】

1. 学会遇到困难不退缩，积极想办法解决困难。

2. 回忆并讲述自己所遇到的困难，积极想办法解决这些困难。

3. 懂得每个人生活中都会遇到各种各样的困难，只要正确面对，困难是可以克服的。

【活动准备】

关于生活中遇到困难的课件。

【活动过程】

1. 谈话导入。

师：孩子们，你们知道困难是什么吗？在日常生活中你遇到过困难吗？

2. 讨论：碰到的困难。

师：你遇到过什么样的困难？（请孩子说一说自己遇到的困难）

师：老师也遇到过困难。（讲述自己因为一次下雨天没带伞而遇到的困难）

小结：在生活中每个人都有各种各样的困难（展示图片，如：生活中、学习中、交往中等）。遇到困难我们应该怎么办呢?

3. 讨论：克服困难的方法。

（1）想办法帮助老师克服困难。

师：刚才老师遇到的困难，你们有没有办法帮忙解决呢？（请幼儿讲述解决困难的方法）

（2）谈谈自己平时是怎样克服困难的。

师：如果碰到困难，我们该怎样克服呢?

小结：我们生活中很多困难是可以克服的。有的可以请老师、爸爸妈妈帮忙，有的可以自己不断地想办法，就可以不怕困难，克服困难。所以当我们遇到困难时，一定要有信心，要学会尝试解决问题，勇敢地去克服困难。

（十二）健康：讲卫生不生病

【活动目标】

1. 养成讲卫生、爱清洁的良好习惯。

2. 知道引起疾病的原因，初步掌握健康小常识和洗手的正确方法。

3. 能积极回答问题，增强幼儿语言表达能力。

【活动准备】

盛有水的两个盆；图片若干；音乐。

【活动过程】

1. 创设情景，提问导入。

（1）这位小朋友怎么啦？

（2）他为什么捂着肚子？（鼓励幼儿结合生活经验猜测捂肚子的原因）

2. 谈话活动。

（1）了解肚子痛的原因。

教师逐一出示“不洗手拿东西吃、吃没洗干净的水果、天气转变要加衣服”等图片让幼儿了解肚子痛的原因。

幼儿结合自己的生活经验，谈谈自己肚子痛的感受和原因。

（2）生病了该怎么办？（找医生看病，按时打针吃药）

（3）怎样才能做一个爱干净、讲卫生、身体健康的好宝宝？

小结：只要讲卫生、爱清洁，肚子里就不会有蛔虫，就能预防生病，身体健康。

3. 操作活动。

（1）进行讨论：讲卫生就要勤洗手，怎样洗手才能洗干净？

编儿歌：手心对手心，相对搓搓手。手心对手背，相互搓一搓。互握大拇指，相互转转转。用水来冲冲，小手真干净。

（2）幼儿分组洗手并相互检查小手，老师及时指导幼儿用正确的方法洗手。（边说儿歌边洗手）

小结：我们的小手有很多细菌，要勤洗手才能做一个爱清洁、讲卫生的好孩子。

（十三）健康：危险动作不模仿（安全）

【活动目标】

1. 通过故事及经历回顾了解生活中的危险动作，从而增强安全意识。

2. 在安全检查和警示标识制作中，提高幼儿安全预判能力和自护能力。

3. 教育幼儿避免危险动作，珍惜生命。

【活动准备】

黄色标记；玩具小熊、布娃娃。

【活动过程】

1. 情景导入，引起幼儿对活动的兴趣。

出示玩具小熊，引起幼儿的兴趣：今天老师请来了一位小客人，你们看是谁？小熊它怎么了？身上为什么有那么多创可贴？哪里受伤了？（让幼儿发散思维，大胆猜测）

2. 倾听理解故事，联系幼儿生活经验进行拓展。

（1）幼儿倾听故事，理解故事内容。

师：故事里发生了什么事？小熊为什么会受伤？（幼儿讨论）

（2）请幼儿详细描述自己受伤的过程及原因。

师：你们受过伤吗？为什么会受伤？

3. 检查安全隐患，制作警示标识。

（1）让幼儿仔细观察活动室内及户外区域，寻找不安全的地方。

师：找一找幼儿园有没有不安全的地方，小朋友要注意自身安全，不随意乱碰。

（2）幼儿制作警示标识，将幼儿园较危险的地方贴上黄色标记，警示大家要注意。

小结：教育幼儿要善于自我检查，危险动作不模仿。

（十四）健康：百变小魔方（体能游戏）

【活动目标】

1. 在游戏中体验团队协作带来的快乐。

2. 按要求完成闯关任务，练习持物控球跑、听数拼接、平衡等动作，发展体能。

3. 培养幼儿合作精神和团队竞争意识。

【活动准备】

1. 知识经验准备：知道数字垫、海洋球的基本功能。

2. 物质材料准备：数字垫、海洋球。

【活动过程】

1. 情景导入。

小朋友们见过魔方吗？魔方有几个面呢？今天老师要带小朋友们到一个魔方大厦里面去玩，魔方大厦里面有很多的小机关，只有最聪明的小朋友才可以通过机关。小朋友们，我们准备出发喽！

2. 游戏一。

魔方大厦里出现了四个漂亮的海洋球，只有把它们运回去，下一个门才能打开。

玩法：分成四组，每组一块泡沫板和一个海洋球。每组第一个小朋友用泡沫板将地上的海洋球赶到指定位置后再赶回来，交给后一个小朋友，然后去队伍末尾排队。每人完成两轮。

3. 游戏二。

魔法大厦里有一个神奇的人（体能老师），只有通过了他的考验，才能打开下一扇门。

玩法：分成四组，人手一块泡沫板。体能老师喊“一家人”，小朋友喊“几口人”，当体能老师喊 × 口人，就需要 × 个小朋友将泡沫板拼接起来，并且站上去，如此循环多次。

4. 游戏三。

前面出现了一个巨大的“悬崖”，小朋友要用手上的泡沫板拼接成“小桥”并且通过。

玩法：幼儿分成四组。当老师说“开始”的时候，每组的小朋友就要和本组的其他小朋友一起把泡沫板拼成一座小桥，然后依次从上面通过，以最快速度通过小桥的组获胜。

小结：小朋友们团结协作，顺利通过了魔方大厦的机关。

（十五）健康：小怪兽（体能游戏）

【活动目标】

1. 体验体能游戏带来的快乐，积极参与体育游戏活动。

2. 能够听口令模仿动物动作，练习倒退、躲闪跑、转圈等基本动作。

3. 提高身体的灵敏性和协调性。

【活动准备】

1. 活动前准备：律动热身。

2. 物质材料准备：哨子、6个呼啦圈、数字卡、音乐播放器。

【活动过程】

1. 故事情景导入。

今天森林里真热闹，许多小动物都出来了！（引导小朋友模仿老虎、蛇等动物）

2. 抓怪兽。

师：每到晚上，小怪兽就会出来，我们要想办法抓到它。

小朋友扮“小怪兽”围成一个圆圈坐下，两个小朋友扮“猎人”站在圆圈内抓“怪兽”。夜晚，“小怪兽”出来活动（提醒幼儿不能出圈），老师吹响口哨，“猎人”开始抓“怪兽”。

3. 倒退走游戏。

师：小怪兽慢慢长大了一点儿，他总是喜欢从后面偷袭小朋友，怎么办呢?

小朋友分成四组倒退走，防止小怪兽偷袭。（提醒幼儿注意安全）

4. 报数字踩圈活动。

师：现在小怪兽已经长成大怪兽了，听到老师发出的信号，小朋友就要躲进圆圈里面。

小朋友成四路纵队面向老师，老师旁边放6个呼啦圈，每个呼啦圈代表一个数字，小朋友手持数字卡，当老师报到什么数字时，小朋友就迅速跑到相应数字的圈里躲好。

5. 放松小游戏：大风吹。

（十六）健康：捕鱼达人（体能游戏）

【活动目标】

1. 激发幼儿参加体育游戏的兴趣，并让他们感受捕鱼游戏带来的快乐。

2. 了解小鱼的基本特征以及跳出水面的动作，能准确判断并做出正确的反应。

3. 发展跳、跑、蹲等基本动作，提高动作的敏捷和灵巧性。

【活动准备】

空气棒、音乐播放器。

【活动过程】

1. 提问导入。

师：你们知道哪些小动物是生活在水里的？（幼儿自由表达）小鱼是怎样运动的？（幼儿模仿小鱼游、跳、吐泡泡等动作）

2. 幼儿游戏。

师：今天我们来当捕鱼小达人。

（1）游戏一：鱼跃龙门。

小朋友分为两队，6个空气棒（每个空气棒之间相隔50厘米），然后小朋友一个一个从上面跳过去。

（2）游戏二：电棒捕鱼。

队形同上，小朋友一个一个向前跑，老师手拿空气棒敲打地面，提醒幼儿不能触碰空气棒。

（3）游戏三：下水捕鱼。

队形同上，手拿空气棒从小朋友上半身划过，小朋友站在原地看到空气棒划过时，快速下蹲躲过。

（4）放松小游戏：机器人。

（十七）健康：丛林偶遇（足球游戏）

【活动目标】

1. 喜欢足球运动，积极参与足球游戏。

2. 练习抛球、踢球等基本动作，锻炼跑的速度和手、脚的力量。

3. 养成独立自主的个性和勇于冒险的精神。

【活动准备】

足球、音乐播放器。

【活动过程】

1. 情境导入。

今天，我们带足球弟弟一起去山林里玩，我们出发吧！

2. 热身环节：快乐的足球。

让幼儿坐在地上，双手按球，模仿体能老师做用力按球、向左向右等动作，表现足球弟弟的调皮。

3. 足球游戏。

（1）游戏一：和足球弟弟赛跑。

幼儿排成四列横队，让幼儿将手中的足球用力抛出去，然后听从老师的口令，看谁最快把自己的足球捡回来，如此循环。

（2）游戏二：打败光头强。

师：足球弟弟玩游戏时，遇到了一个坏人在砍树，他是光头强。如何打败光头强呢？

引导幼儿将手中的足球变成导弹，用脚用力地将足球踢出去，看谁踢得最远。然后听从老师的口令快速捡回，并在原点站好。

4. 小游戏放松。

第二节　中班主题活动

主题活动一：我升中班了

杨睿　陈玫君　欧雅雯　邓艳芳

一、主题来源

幼儿升入中班后，自主意识越来越强烈，不仅能够照顾好自己，还能积极主动帮助他人做力所能及的事情。为了充分发挥幼儿的自主性，培养幼儿自我服务意识和乐于助人的品质，让幼儿在逐步适应环境的同时，发展社会交往能力和养成良好的习惯，我们确定了主题活动“我升中班了”，拟从“不一样的我”“我的班级我做主”“礼貌的我”三个子主题开展活动（图4–2–1）。

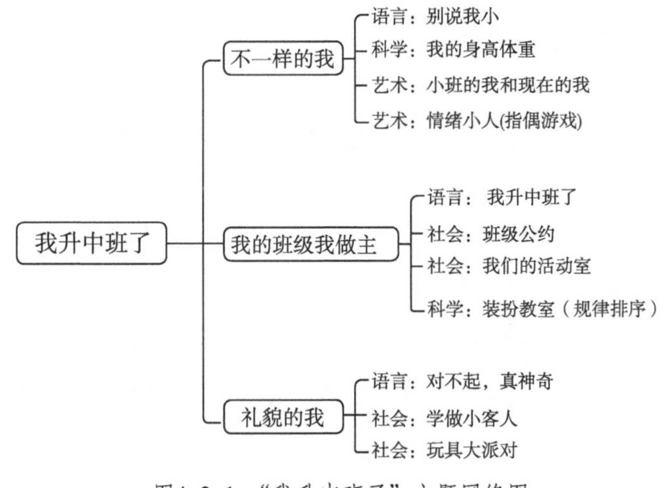

图4–2–1　“我升中班了”主题网络图

二、主题活动目标

（1）逐步适应班级新环境，了解自己和小伙伴的成长变化，知道自己在逐渐长大。能清楚、连贯地说出自己的升班愿望，愿意为班级提建议。喜欢幼儿园及所在班级，有做中班小朋友的自豪感。

（2）能分辨高兴、生气、害怕等情绪变化，学会转移情绪，努力保持积极情绪。正确使用礼貌用语和行为与人交往，乐意与人分享。

（3）懂得遵守集体公约，增强规则意识和班级归属感。能按规律排序，发展想象力、语言表达力和逻辑思维能力。

三、主题活动内容

（一）语言：别说我小

【活动目标】

1. 体会儿歌表达的情感，感受自己的成长。

2. 能在理解儿歌的基础上，尝试仿编儿歌。

3. 大胆地表达自己的想法，主动地为自己、为他人服务。

【活动准备】

《别说我小》儿歌课件；地上杂乱地放有多种玩具、人物图片。

【活动过程】

1. 情景导入。

请幼儿整理地上散落的玩具。

2. 说一说。

小朋友们都在慢慢地长大，越来越能干了，现在的你们都会做哪些事情呢？（在家里、在幼儿园里）

3. 看课件，学习儿歌。

（1）播放课件，完整欣赏。师：这首儿歌叫什么？（《别说我小》）

（2）分句欣赏，学习句子。师：儿歌里的小朋友对妈妈说了什么？对爸爸说了什么？对奶奶说了什么？对爷爷说了什么？（学习句子：××你别说我小，我会××和××）

（3）随课件完整朗读。

4. 在理解儿歌的基础上尝试仿编儿歌。

师：你还想对谁说什么？

【活动延伸】

在区域活动中投放“我会”的调查表，幼儿认真记录自己会做的事情。

（二）科学：我的身高体重

【活动目标】

1. 产生关注自己身体状况的意识，感受成长的快乐。

2. 了解自己的身高体重，能对照标准判断自己的身高体重是否标准。

3. 知道合理饮食能让身体健康，培养良好的饮食习惯。

【活动准备】

1. 活动前组织幼儿到医务室测量身高体重，让每个幼儿了解自己的身高、体重。

2.《学前儿童身高体重标准测量表》及各种食物卡片若干。

3. 多媒体课件“饮食与健康”。

【活动过程】

1. 谈话导入。

（1）让幼儿说说自己的身高体重，感受年龄增长给身体带来的变化。

（2）师：你的体重是多少？身高是多少？你的身高体重符合标准吗？（出示《学前儿童身高体重标准测量表》，了解标准指标）

2. 共同寻找不符合标准的原因。

师：什么原因会导致身高体重不符合标准？

3. 共同讨论身高体重达标的办法。

师：不合标准怎么办？我们该怎么做才能使身高体重符合标准？（幼儿自主讨论交流）

小结：小朋友们一天天长大了，身体变重了，个子也长高了。想要身高体重符合标准就要做到不挑食、坚持锻炼，还要养成早睡早起的好习惯。

（三）艺术：小班的我和现在的我

【活动目标】

1. 通过绘画活动，感受和体验成长的快乐。

2. 能尝试用不同材质的美工纸制作盘子小人。

3. 知道现在的自己与小班时的不同之处。

【活动准备】

1. 背景音乐《我长大了》。

2. 每人一面小镜子，蛋糕盘子、糨糊、皱纹纸、蜡光纸、美工纸等，剪刀人手一把。

【活动过程】

1. 用镜子观察自己。

师：现在，我们是中班的哥哥姐姐了，一起来找一找现在的自己跟小班的自己有什么不同。（身高、手脚、头发等）

2. 制作盘子小人。

师：小朋友们想不想把自己现在的样子用美工材料制作出来?

（1）幼儿自主选择材料。

（2）幼儿自由创作，教师巡回观察指导。

3. 展示作品。

幼儿上台展示、介绍自己的作品。

（四）艺术：情绪小人（指偶游戏）

【活动目标】

1. 感受多种情绪的变化，保持积极情绪。

2. 能借助指偶进行“表情变变变”的游戏，了解分辨情绪的多种表达方式，尝试进行歌词创编。

3. 知道情绪是可以自己控制和转移的。

【活动准备】

音乐视频《我的表情变变变》；情绪指偶若干。

【活动过程】

1. 我说你做。

教师说出一种情绪，幼儿则马上找到相应颜色的情绪指偶，并做出相应的表情。游戏进行2—3次后，可由幼儿代表说，其他幼儿找相应颜色的情绪指偶，最后到两两游戏。

2. 听音乐找指偶。

教师播放不同情绪的背景音乐，引导幼儿根据听到的音乐，寻找并戴上手指情绪指偶，大胆表达自己的感受。

3. 手指游戏“我的表情变变变”。

（1）教师示范，幼儿欣赏。

（2）幼儿跟学手指游戏“我的表情变变变”。

（3）分组表演。

将幼儿分成三组进行手指游戏“我的表情变变变”的表演。

4. 情绪是什么？你会控制好情绪吗？

小结：情绪代表一种心情，有好的情绪也有不好的情绪，当不好的情绪出现时我们要学会控制情绪，做一些自己喜欢的事情让不好的情绪转移。保持心情愉快才能拥有健康的身心。

歌词：

我的表情变变变，高兴（哈哈）
我的表情变变变，生气（哼）
我的表情变变变，沮丧（唉）
我的表情变变变，惊讶（啊）
我的表情变变变，好冷（阿嚏）
我的表情变变变，好辣（辣）
我的表情变变变，爱你哟！

（五）语言：我升中班了

【活动目标】

1. 萌发荣升为中班小朋友的自豪感。

2. 有责任意识，能给弟弟妹妹做榜样，帮助小班弟弟妹妹做力所能及的事情。

3. 知道自己长大了，遇到事情能勇敢面对。

【活动准备】

有意识地带领孩子去观察小班孩子的一些比较有代表性的行为，让孩子意识到我们和小班的孩子是不一样的。

【活动过程】

1. 活动导入。

师：今天早上散步的时候，老师带你们去干什么了？（去楼下看小班的弟

弟妹妹）

2. 通过与小班弟弟妹妹做比较，了解自己的变化。

（1）让幼儿通过回忆自己所看到的，感知自己的变化。

师：小班的弟弟妹妹和我们有什么不一样呢？（让幼儿大胆讲述自己看到的）

小结：小班的弟弟、妹妹上幼儿园有时会哭，吃饭穿衣需要老师帮忙，我们现在上幼儿园不会哭了，自己的事情能自己做……

（2）让幼儿意识到这些变化，都是因为我们长大了！

3. 引导幼儿讨论：中班的小朋友应该是什么样的？

请小朋友们自由讨论，再请几个小朋友代表发言。

小结：中班的小朋友变得更能干、更勇敢、更聪明啦。

4. 引导幼儿讨论：怎样关心小班弟弟妹妹？

（1）幼儿两两讲述。

（2）请幼儿代表讲述。

5. 教师总结，结束活动。

中班的哥哥姐姐要主动关心小班的弟弟妹妹，午餐后可以去给弟弟妹妹喂饭，起床后帮助弟弟妹妹穿衣服等，给弟弟妹妹做好榜样，遵守各项规则、认真学习、积极思考、养成良好的生活和学习习惯。

（六）社会：班级公约

【活动目标】

1. 愿意在集体面前大胆表达交流。

2. 能共同协商制定班级规则，并用绘画的方式表征。

3. 建立初步的责任感，知道遵守共同的约定。

【活动准备】

课件（班级出现的问题）；绘画纸、笔。

【活动过程】

1. 观看课件。

（1）这是哪儿？你看到了什么？

（2）你有什么感受？怎么办？

2. 教师与幼儿一起协商建立班级公约。

（1）讨论：看完图书应该怎么放？

喝水时应该怎么去接水？

集体活动中，应该怎么坐？

（2）幼儿分组把公约画出来，形成班级公约。

3. 粘贴班级公约到活动室合适的地方。

（七）社会：我们的活动室

【活动目标】

1. 喜欢自己的新活动室，萌生班级归属感。

2. 学会由里到外、从左至右的观察方法，能根据观察讲述新班与老班的不同之处。

【活动准备】

新教室；绘画纸、笔。

【活动过程】

1. 参观新活动室。

2. 交流讨论新班与老班的不同之处。

（1）小组讨论。

（2）请幼儿上台讲述自己的发现（由里到外的观察顺序）。

（3）幼儿一起讲述自己的发现（从左到右的观察顺序）。

3. 幼儿绘画：你还想给我们的新活动室增添一些什么？使它变得更漂亮！

（1）幼儿自由作画。

（2）展示作品。

（八）科学：装扮教室（规律排序）

【活动目标】

1. 通过活动，感受不同排列形式的美，体验排序的乐趣。

2. 尝试运用多种方法有规律地排序，提高逻辑推理能力。

3. 学习用语言、符号等多种形式记录自己的发现。

【活动准备】

多媒体课件；幼儿制作彩链的操作材料人手一份。

【活动过程】

1. 感知规律。

（1）引导幼儿发现并讲出其中的规律。

师：六一儿童节快要到了，兔妈妈和她的三个兔宝宝想来跟我们一起过节，你们欢迎吗？

师：兔妈妈听说在节日前我们要装扮教室，她和兔宝宝特地给我们带来了一些装饰活动室用的彩链。（引导幼儿观察彩链的排列规律：正方形、圆形、三角形间隔组成）

（2）引导幼儿按规律排列。

师：可是，三个兔宝宝的彩链还没有完成，让我们帮助它们一起完成吧！

红眼睛：不同颜色（红黄蓝心形）一隔一地排列下去。

短尾巴：不同大小（一朵大花二朵小花）一隔二地排列下去。

长耳朵：不同高矮（高、矮圣诞老人）一隔一地排列下去。

2. 幼儿制作彩链。

（1）简单介绍操作内容。

师：（出示操作材料）看！这是老师为你们准备的操作材料（红、蓝、绿长条纸；大小不同的气球图片；长方形和椭圆形灯笼图片；高矮不同的长颈鹿图片）。请你们把长条纸按照颜色规律做成一个长长的拉环；把这些图片按照一定的排列规律贴到彩条上面，这样做出来的彩链才既美观又有序。

（2）小组操作，教师观察指导。

3. 活动评价。

互相观赏，评价作品。

师：谁愿意上来讲讲你的彩链是怎么制作的？（评价颜色、形状、大小、高矮排序各一种）

师：小朋友制作的彩链可真漂亮！我们一起把它们都挂到教室里和走廊上，好吗？

【活动延伸】

教师将一些操作材料投放到益智区，并提供记录表，让幼儿进一步探索将各种材料按规律排序。

（九）语言：对不起，真神奇

【活动目标】

1. 体验礼貌用语的神奇，激发幼儿友好交往的欲望。

2. 理解故事内容，会看图讲述，能使用礼貌用语去解决生活中遇到的问题。

3. 掌握与人友好交往的方法和技巧。

【活动准备】

故事《对不起，真神奇》；与故事相关的挂图、音乐。

【活动过程】

1. 故事导入。

教师讲述故事《对不起，真神奇》，师：故事中说了一件什么事情？为什么婷婷会生气？如果你是婷婷，你会怎么办？

2. 理解故事。

（1）观看挂图。

图一：玩积木时荣荣不小心把实实的积木弄倒了。

图二：喝水时鹏鹏不小心把水洒到了倩倩的身上。

图三：吃饭时龙龙不小心把饭汤弄到迪迪的手上了。

图四：睡觉时文文不小心蹬到策策的身上了。

（2）引导幼儿讨论。

老师带领幼儿一起边看、边说、边讨论，当你遇到这些事情应该怎么说？

3. 歌曲表演《对不起，没关系》。

师幼一起随音乐进行歌曲表演。

【活动延伸】

学习运用“请”“对不起”“谢谢”“没关系”等其他礼貌用语。

（十）社会：学做小客人

【活动目标】

1. 体验礼貌地做小客人的快乐。

2. 能使用礼貌用语和行为进行交往。

3. 知道一些做客的简单礼仪。

【活动准备】

1. 情景表演、场地布置。

2. 课件：粗鲁的小老鼠。

【活动过程】

1. 谈话导入。

小朋友，你们去别人家做过客吗？你们是怎么做客的？（幼儿讲述）今天甜甜和萌萌也要去小熊家做客，他们会怎么做呢？

2. 观看课件《粗鲁的甜甜》，理解主要情节。

师：为什么说甜甜是“粗鲁”的甜甜？（幼儿讲述：甜甜敲门时很用力，小客人进门时没问好，乱翻主人东西，等等。引导幼儿理解词语“粗鲁”）

3. 观看情景表演做客，引导幼儿讲述主要内容。

（1）师：萌萌是怎么做的？（幼儿自由讲述）

小结：萌萌是个有礼貌的孩子，去小熊家做客时，能有礼貌地问候小熊，到了小熊家轻轻地敲门，见了小熊会礼貌地问候。在小熊家不随便翻看、拿走东西。在别人谈话时，不随便插嘴。当别人提出问题时，大方地回答。而且说话时，声音轻柔，不大声喧哗。对于小熊的招待，能有礼貌地说“谢谢”，临走时，向小熊说“再见”。

（2）师：你们喜欢甜甜还是喜欢萌萌？为什么？

【体验活动】一起去做客。

师幼一起去小熊家做客，提醒幼儿要注意做客礼仪。

（十一）社会：玩具大派对

【活动目标】

1. 通过活动，逐步体会大家一起玩的快乐。

2. 能采用“协商、轮流、一起玩”等交往技能，与人进行玩具交换或加入同伴游戏。

3. 懂得玩别人的玩具，必须得先征求别人的同意。

【活动准备】

每人自带一件玩具、皮球若干；与大班老师联系，拟订和大班幼儿共同玩皮球的计划。

【活动过程】

1. 介绍个人的玩具（是什么、怎么玩）。

教师可让幼儿边介绍边示范，以激发幼儿玩的兴趣和愿望。同时，可边介绍边将玩具进行归类。

2. 大家一起玩。

幼儿相互交换玩具，并一起玩玩具，老师巡回观察。

3. 分享回顾。

播放分享场景，引导幼儿自己解决矛盾。如：想玩别人的玩具，应该怎么说？大家都想玩这个玩具怎么办？

小结：当我们想要玩别人的玩具时，要先征得别人的同意，才可以玩，要用礼貌用语。当大家都想玩玩具时，可以一起玩，也可以轮流玩。

4. 哥哥姐姐玩皮球。

（1）观察大班幼儿玩球。

（2）用自己的方式加入哥哥姐姐的玩球队列。

主题活动二：能干的我

杨阳　杨小爱　陈玫君　唐仲华

一、主题来源

中班幼儿相对小班来说，已经逐渐摆脱“自我中心”这一典型的思维方式，其独立意识、自主意识及责任感越来越强烈。随着生活范围的扩大、认知能力的提升，有意行为开始发展，他们逐渐能达成一定的社会规则和行为规范共识，从关注自身逐渐发展到初步关心周围的人、周围的事物，并在不断解决各种问题的过程中建立自尊自信，合作行为开始显现。

“能干的我”是“我升中班了”主题后的延续和提升，是基于中班幼儿的发展需求和课程目标，以生活为主线，引导幼儿从自我服务逐步过渡到服务班级、服务家庭，通过“我的本领大”“班级小管家”“家中小达人”三个子主题，激发幼儿升班的自豪感和喜悦感，体验成长的快乐，培养一定的劳动意识和责任感（图4–2–2）。

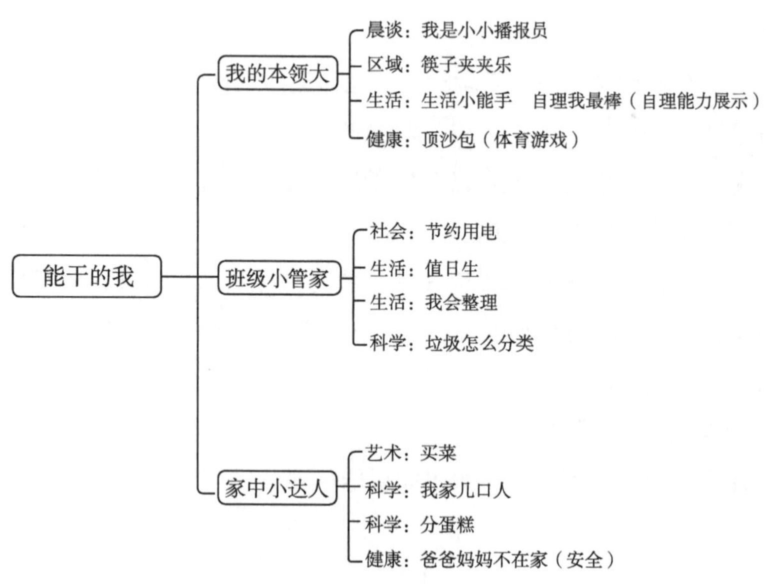

图4-2-2 “能干的我”主题网络图

二、主题活动目标

（1）乐于动手动脑探索物体和材料，敢于尝试有一定难度的活动。喜欢参与集体活动，敢于在集体面前展示自己。

（2）愿意承担值日生的工作，帮助班级、家庭做一些力所能及的事情，感受帮助别人的快乐。提高生活自我管理能力和安全自护能力，建立初步的责任感，增强劳动意识、安全意识和节约意识。

（3）巩固对10以内数的认识，初步感知5以内数的分解。

三、主题活动内容

（一）晨谈：我是小小播报员

【活动目标】

1. 乐意分享自己的所见所闻或特长，对自己的表现感到满意。

2. 能在同伴面前大胆播报和展示才艺，表现大方，声音清晰、自然，内容完整。

3. 能安静倾听、观看并积极回应，大胆进行评价，发展幼儿语言表达力和艺术表现力。

【活动准备】

1. 幼儿提前准备好当日播报的相关内容及相关道具类材料（具有故事情节的连环图、图片、PPT及道具等）。

2. 家长及教师在日常生活中引导幼儿多观察周围的人或事物。

【活动过程】

1. 准备环节。

播报常规内容（如日期、天气等）时，提示幼儿声音自然，表达清楚，眼睛正视前方。

2. 点名、统计环节。

教师注意观察幼儿的回应。如有报数重复或漏报现象时，鼓励幼儿主动思考解决问题，帮助幼儿自主建立点名规则和秩序感。记录缺勤人数时，引导幼儿关注缺勤这一事件，引发对生病缺勤同伴的关心，增进同伴关系。

3. 播报和才艺展示环节。

（1）教师针对幼儿播报的内容提出问题，引发幼儿讨论。

（2）教师针对不同类型的才艺展示，拓展相关知识。

4. 评价环节。

通过自评、互评形式，引导幼儿大胆表达自己的观点和感受，营造自我接纳，接纳他人建议的环境氛围，帮助幼儿建立自尊自信。

（二）区域：筷子夹夹乐

【活动目标】

1. 积极参加区域活动，体验操作的乐趣。

2. 学习使用筷子拨、夹物品，初步掌握正确的持筷姿势和方法。

3. 锻炼手部小肌肉动作及手指灵活性、手眼协调性。

【活动准备】

人手一双小竹筷，一只碗，小盆若干；小木珠、小积木、花生、蚕豆、块糖等若干；一小盆面条。

【活动过程】

1. 捞面条。

（1）幼儿自主选择多种材料捞面条，并将实验结果进行记录。

（2）总结失败的原因并寻找解决方法。

2. 筷子夹夹乐。

（1）幼儿分成若干小组，每组一只小盆，盆里装一些蚕豆、花生、小积木等物品，幼儿用筷子从盆里往自己的小碗里夹小物品。（引导幼儿比一比用筷子夹东西的数量和速度）

3. 活动分享。

（1）播放幼儿活动照片，引导幼儿分享自己的操作经验。如：你遇到了什么困难？发现了什么问题？等等。

（2）教师介绍筷子是我国特有的用餐工具之一，并示范、讲解持筷和用筷的方法：手捏在筷子的中下方，不能太低和太高，两支筷子不能分得太远，食指与大拇指碰头，其他做辅助。

（3）幼儿自由练习持筷、用筷的方法，教师注意纠正幼儿不正确的姿势和方法，鼓励专心且有耐心的幼儿。

（三）生活：生活小能手　自理我最棒（自理能力展示）

生活小能手　自理我最棒

——怀化市幼儿园中班组生活自理能力展示活动

【活动目标】

为了增强幼儿自我服务意识，帮助幼儿形成良好的生活习惯，让孩子学会自己的事情自己做，体验劳动的快乐，成为生活的小主人，特举办此次“生活小能手　自理我最棒”展示活动。

【活动时间】

2022年10月9日。

【活动地点】

幼儿园大操场。

【活动对象】

中班组全体幼儿。

【活动准备】

1. 物质材料准备：16张桌子、8张床、8件秋季园服外套、10组图书（每组5本）、8份雪花片（每份20片）、8套儿童扫把及簸箕、16个塑料筐、8组报纸团。

2. 幼儿有叠衣服、叠被子、整理图书及玩具、扫地的生活经验。

【活动过程】

1. 园长致辞。

2. 主持人介绍比赛规则。

比赛共设2轮，每轮7个班，各班分成2组，同时进行接力赛。比赛共有5个关卡。第一关：脱衣服，整齐叠放；第二关：穿衣服，穿戴整齐；第三关：穿好鞋子，系好鞋带；第四关：整理玩具，分类摆放；第五关：清扫地面，垃圾分类。完成以上5项任务用时最短的班级获胜。

3. 自理能力展示比赛。

4. 律动《我真的很不错》《幸福家园》。

5. 园长评价幼儿表现，并给“生活小能手”颁奖。

6. 师幼共同整理场地，活动结束。

（四）健康：顶沙包（体育游戏）

【活动目标】

1. 探索沙包的多种玩法，体验沙包游戏的快乐。

2. 在竞争游戏中发展身体平衡能力，锻炼动作协调性和灵敏性。

【活动准备】

沙包若干；长板。

【活动过程】

1. 热身运动。

2. 自由探索玩沙包。

幼儿探索沙包的多种玩法，教师巡回观察。

3. 教师讲解示范顶沙包的动作要领，幼儿在平地自由练习。

动作要领：将沙包放在头顶正上方，保持头部和身体的平稳，控制步伐，以免沙包掉落。

4. 难度升级。

增加5厘米高的长板，幼儿在长板上自由练习。

5. 分组竞赛。

幼儿分成两组，依次头顶沙包经过长板，再将沙包放到指定位置返回。如果沙包掉落了，则被视为失败，就需要重新开始或退出游戏。

6. 游戏结束，放松活动。

（五）社会：节约用电

【活动目标】

1. 了解电的用途和重要性，养成节约用电的好习惯。

2. 掌握节约用电的方法，并制作“节约用电”标识，积极采取“节约用电”行动。

3. 有初步的环保意识。

【活动准备】

儿歌《我会节约用电》；《电的重要性》PPT；“节约用电”标识卡制作材料。

【活动过程】

1. 了解电的用途和重要性。

（1）观看PPT，了解电对日常生活的重要性。

（2）师：在我们生活中哪些需要用电？电给我们生活带来哪些方便？

2. 节约用电。

（1）师：电会用完吗？（幼儿猜测）

（2）观看偏远地区缺电的视频，激发幼儿节约用电的意识。

（3）讨论：如何节约用电？

（4）学习儿歌《我会节约用电》。

你拍一，我拍一，节约用电要牢记；
你拍二，我拍二，人走灯灭记心里；
你拍三，我拍三，电源开关要紧关；
你拍四，我拍四，节能灯泡最合适；
你拍五，我拍五，风扇降温最舒服；
你拍六，我拍六，空调温度二十六；
你拍七，我拍七，电视音量要放低。

3. 设计标识。

将幼儿分成二至三组，讨论、设计、制作“节约用电”的标识卡，老师可在标识卡上写上“节约用电”。然后，幼儿每人手持一张自己制作的“节约用电”小标识卡，在老师带领下巡视幼儿园，看看有没有人忘记关灯，如果有，请在旁边贴上标识卡，然后请老师帮忙关上灯。

【活动延伸】节约用电小卫士

在家向爸爸妈妈调查节约用电“小妙招”，开展“节约用电小卫士”行动。

（六）生活：值日生

【活动目标】

1. 积极承担值日生工作，愿意遵从集体的决定，享受为集体服务带来的快乐。

2. 了解值日生工作职责，能通过集体讨论的形式共同决定值日生人选和顺序，协商进行分工。

3. 培养幼儿的责任意识和劳动意识。

【活动准备】

小班有值日生的经历；已阅读过绘本《今天我值日》。

【活动过程】

1. 值日前——了解值日生工作，讨论值日生安排。

（1）幼儿回顾小班值日生工作经历，讨论升班后值日生还可以做些什么？

（2）幼儿根据自己的已有经验和对班级日常生活的观察，大胆表达自己的看法，并说明理由。

（3）师幼一起对值日生工作进行梳理分类，学会通过协商分工合作。

（4）幼儿围绕“谁来做值日？”进行讨论，教师视情况梳理总结，共同确定值日生安排表。

（5）设计制作值日牌。

2. 体验值日生工作，感受为集体服务的快乐。

值日生分工合作，完成整队、收纳玩具、擦桌子、照顾自然角、整理水杯、分发餐具、带操、整理图书和椅子等工作。值日安排可参考图4–2–3、图4–2–4。

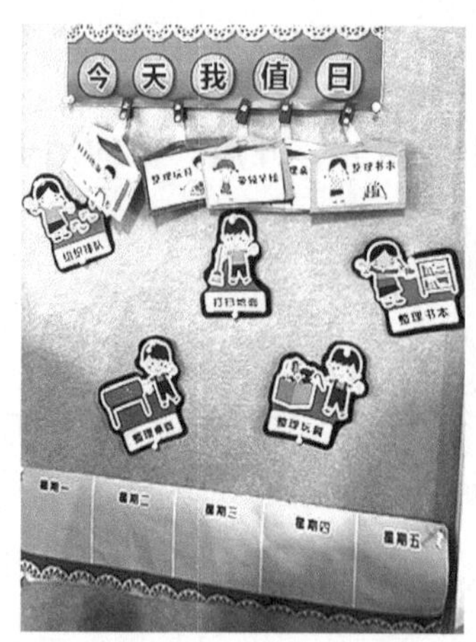

图4-2-3 怀化市幼儿园中一班值日生任务栏

图4-2-4 怀化市幼儿园中二班值日生分工栏

3. 值日后——评价总结，激发幼儿把值日工作做得更好的欲望。

（七）生活：我会整理

【活动目标】

1. 乐意收拾整理物品。

2. 学会按物体的用途分类，并根据共同特征设计标识。

3. 有条理地收拾整理物品并物归原处。

【活动准备】

1. 玩具、食物、服饰三大类物品的图片若干。

2. 三个颜色不同的盒子。

3. 幼儿人手一张白纸和水彩笔。

【活动过程】

1. 幼儿明确整理要求——合理做好分类。

2. 讨论物品分类整理方法。

师：整理就是把同一类的物品放到一起，那么这些物品都有什么用处？哪些属同一类？

（1）幼儿根据用途将图片分成三类。

（2）集体检查分类情况，说出这些物品有什么用处，属什么类别？

（3）出示三个小盒子，幼儿依次将整理好的物品图片摆放到盒子里。

3. 物品大标记。

请幼儿自选一类或多类物品做标识设计，并将自己设计的标识贴到相应的盒子上。

4. 幼儿标识展示。

幼儿共同观赏同伴设计的标识，展开评价。

（八）科学：垃圾怎么分类

【活动目标】

1. 感受洁净环境的美，积极探讨垃圾分类的方法，树立初步的环保意识。

2. 能大胆表达自己的观点，初步感知垃圾分类的意义。

3. 初步认识三种垃圾分类标志，尝试按标志给垃圾分类。

【活动准备】

1. 物质材料准备：分类垃圾桶、PPT、小兔头饰及常见垃圾卡片。

2. 经验准备：幼儿前期已有不乱扔垃圾的意识及物品分类的生活经验。

【活动过程】

1. 故事导入。

讲述故事《清洁工小兔》，营造“环保之旅”情境，引发幼儿对垃圾分类投放的思考。

师：“清洁工小兔清理垃圾时，不小心被玻璃划伤了，我们应该怎么保护小兔呢？”幼儿自由回答。

教师视情况追问：那小兔要怎么样才知道哪个垃圾桶里有危险品呢?

2. 探索垃圾分类。

在故事情境中自主探索垃圾的分类，并说明理由。

师：把垃圾分开扔可以保护小兔，可是，垃圾具体应该怎么分类呢?

3. 出示分类垃圾桶，引导幼儿认识分类桶的颜色、标识以及对应的垃圾种类。

蓝色——可回收物：指适宜回收和可循环再利用的废弃物。

红色——有害垃圾：指对人体健康或者自然环境造成直接或者潜在危害的零星废弃物。

绿色——厨余垃圾：指家庭中产生的菜帮、菜叶、瓜果皮核、剩菜剩饭、废弃食物等易腐性垃圾。

4. 操作活动，巩固对三个标志的认识。

（1）集体操作，进行垃圾分类操作。

幼儿分组进行垃圾分类。（男、女各为一组，将垃圾扔到相对应的垃圾桶内）

（2）师：你们是怎样分的？（对每组幼儿的垃圾分类做出点评或请个别幼儿检查）

小结：今天，我们做了一件有意义的事，帮助小兔清洁整理了环境。以后，我们也要讲卫生，将垃圾分类投放，让我们的幼儿园、我们的家乡变得越来越美。

5. 环保实践。

师幼到户外操场及后花园寻找垃圾，并进行分类投放，养成垃圾分类的好习惯。

（九）艺术：买菜

【活动目标】

1. 感受歌曲轻快活泼的节奏，体验说唱的趣味性。

2. 借助图谱理解歌词，以说唱的形式有节奏地唱出歌曲的欢快、有趣。

3. 尝试创编歌曲中的人物、菜名，培养幼儿音乐表现力和创造力。

【活动准备】

PPT课件；音乐《买菜》。

【活动过程】

1. 开始部分：导入、练声。

（1）情境导入。

小朋友跟爸爸妈妈去过超市买菜吗？买过什么菜？

（2）练声。

1 11 3 | 5 5 | 1 11 3 | 5 5 |

鸡蛋圆溜 溜呀 鸡蛋圆溜 溜 呀

……

2. 基本部分：学唱歌曲。

（1）播放课件，欣赏歌曲《买菜》。

师：歌曲里的小朋友跟谁一起去买菜？买了一些什么菜？这些菜是什么样子的？

（2）播放课件，学唱前半部分。

师：刚才歌里唱了什么？（鸡蛋圆溜溜、青菜绿油油、母鸡咯咯叫、鱼儿水里游……）

出示歌词图谱前半部分，幼儿随音乐节奏念或唱歌词。

（3）播放课件，学习歌曲念唱部分。

师：除了这些菜，我和奶奶还买了哪些菜？

出示歌词图谱后半部分，幼儿随节奏练习说唱。（萝卜黄瓜西红柿、蚕豆毛豆小豌豆，哎呀呀，哎呀呀，拿也拿不了，嗨！）

（4）出示完整图谱，幼儿完整演唱歌曲。

先跟着课件完整演唱，再分组演唱（女孩唱前半部分，男孩唱后半部分）。

3. 引导幼儿创编歌词。

（1）师：小朋友除了跟奶奶去买菜还可以跟谁去买菜？（爸爸、妈妈、外公、外婆）还可以买什么菜呢？（根据幼儿回答调整图谱）

（2）幼儿根据新图谱，演唱自己创编的歌曲（图4–2–5）。

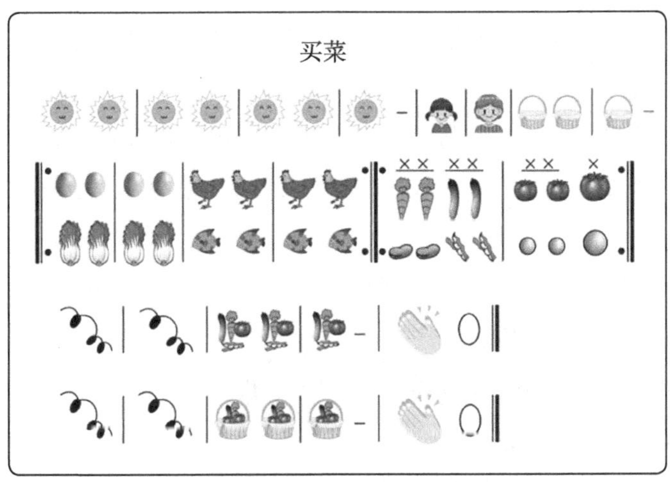

图4–2–5　买菜图谱

（十）科学：我家几口人

【活动目标】

1. 乐于和大家交流家里的人数，感受大家庭的快乐与温馨。

2. 能听懂要求，尝试运用点数、默数的方法完成操作。

3. 巩固对10以内数的认识，复习10以内的按物配数或按数配物。

【活动准备】

1. 前期准备：已填写好统计表——我家几口人。

2. 操作卡“我家几口人”；1—10的数字卡；统计表人手一份；记号笔。

【活动过程】

1. 歌曲导入。

欣赏歌曲《我家有几口》，提问：歌曲里的小朋友家里有几口人？家里都有谁呢？

2. 游戏：按数抱团。

玩法：幼儿问“你家有几口？让我数一数”。师回答：我家有3口/4口……并出示相应数卡，幼儿根据教师说出的数字，几人抱在一起。

3. 对照统计表，讲述家庭成员，复习10以内的按物配数。

（1）希沃白板出示幼儿“我家几口人”统计表，请说一说家里都有谁？一共有几人？用数字几表示？请幼儿操作白板，在统计表的格子中填上相应的数字，其他幼儿共同验证是否正确。

（2）幼儿自由组队操作统计表，并交流比较：谁家里人最多？谁家里人最少？谁和谁家里人一样多？

小结：我们都拥有一个大家庭，×××小朋友的大家庭里有5口人，×××小朋友的大家庭里有8口人……他们都是我们的亲人，亲人们在一起相亲相爱很快乐。

4. 尝试运用点数、默数的方法完成操作卡——我家几口人。

（1）教师交代操作要求。

（2）幼儿取操作卡操作，教师巡回观察、指导。

（3）师幼一起检查。

5. 教师总结活动情况，结束活动。

（十一）科学：分蛋糕

【活动目标】

1. 愿意与同伴合作，互相分享不同的分法。

2. 感知数字的组成和分解，以及数与数之间的逻辑关系。

3. 尝试将5块蛋糕分给两个小朋友，找出所有的分法。

【活动准备】

希沃白板课件；玩具小蛋糕；盘子；记录纸；笔。

【活动过程】

1. 情境导入。

共同回顾《蛋糕长大啦》的故事，并创设分蛋糕的情境。

师：这一次佳佳一共做了5个小蛋糕，请你们帮助佳佳将蛋糕分给她的好朋友豆豆和乐乐吃。

2. 实操练习分解。

（1）幼儿自主分解，记录自己的分法。

师：请小朋友自己试着将蛋糕分给豆豆和乐乐，看看有哪些不同的分法？

（2）操作希沃白板，分享自己的分法。

（3）比较不同的分法。

师：有的小朋友有两种分法，有的小朋友有三种分法，那你们是怎么分的？

3. 梳理经验。

（1）将所有的分法罗列，请幼儿寻找规律。

（2）讨论：如何分才不会漏掉？

（3）师小结梳理方法。

（十二）健康：爸爸妈妈不在家（安全）

【活动目标】

1. 积极参与讨论和制作“安全警示牌”活动，有初步的自我防范意识和自我保护能力。

2. 能认真观看并理解情境表演内容，尝试大胆表达自己的看法及见解。

3. 了解独自在家时的自我保护方法，知道陌生人敲门时不开门。

【活动准备】

1. 情境表演视频《爸爸妈妈不在家》。

2. 多种形状的卡纸、彩笔若干。

【活动过程】

1. 谈话交流，导入活动。

你们有过一个人在家的时候吗？一个人在家时，做了些什么呢？

今天，也有一个小朋友一个人在家，我们一起来看看他遇到了什么事情。

2. 观看视频《爸爸妈妈不在家》，讨论独自在家时陌生人敲门怎么办。

（1）幼儿观看情境表演。

（2）提问并讨论：刚才的视频说了什么事？能不能不开门？为什么？除了不开门，我们还应该怎么做？

小结：当爸爸妈妈不在家的时候，如果有陌生人敲门，千万不能开门，要问清是谁、找谁，然后告诉他，等会儿再来。随便给陌生人开门会发生危险。

3. 分组讨论，进一步了解独自在家时的自我保护方法。

（1）幼儿自由组合为三组，各组选择一个问题讨论，并用图标的方式记录讨论结果。教师巡回观察、倾听。

问题一：一个人在家很闷，怎么办？

问题二：一个人在家肚子饿了，怎么办？

问题三：一个人在家时，如果来了坏人或是发生了事情怎么办？

（2）各组展示讨论结果，派代表讲述，鼓励幼儿说说、做做、学学。

4. 为自己的家制作并粘贴“警示标牌”。

（1）幼儿自取操作材料，自由设计，为自己家中有危险的地方制作“警示标牌”，教师巡回观察、指导。

（2）请幼儿将做好的“安全警示牌”带回家，贴在家中有危险的地方。

第三节　大班主题活动

主题活动一：我上小学啦

扶满　胡晶莹　刘晋　张雪梅

一、主题来源

童年是充满天真和幻想的，三年的幼儿园生活记录了孩子们成长的点滴，留下了孩子们快乐的足迹。马上，大班的孩子们即将离开幼儿园，迈进小学的大门。为了帮助他们顺利入学，我们设计了“我上小学啦”这个主题活动。主题围绕“成长、体验、探秘、畅想”四个方面，让孩子们在入学前初步了解小学生活，体验幼儿园与小学生活的不同，萌发对小学的向往之情（图4–3–1）。

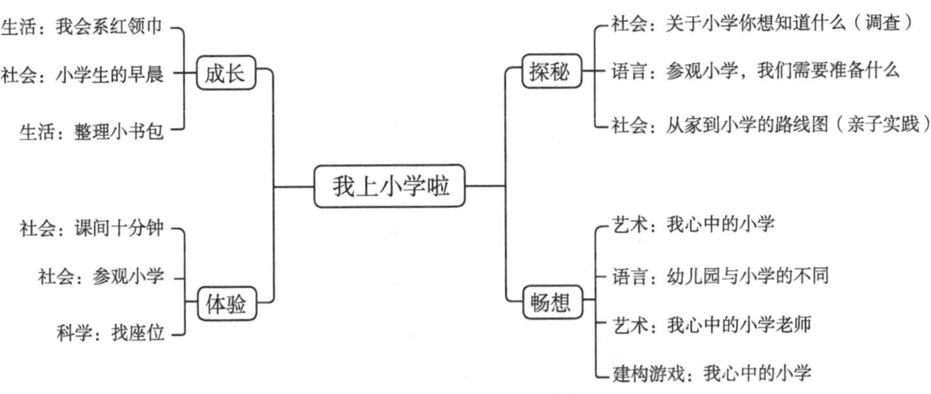

图4–3–1　“我上小学啦”主题网络图

二、主题活动目标

（1）知道自己即将长大毕业，能以积极愉快的情绪迎接小学生活。

（2）模拟小学生的生活，初步了解小学的学习与生活情况及小学的规则。能用自己的方式表现小学与幼儿园的不同。

（3）学会独立使用和保管好自己的用品。

三、主题活动内容

（一）生活：我会系红领巾

【活动目标】

1. 萌发对红领巾的热爱与向往之情，树立加入少先队员的愿望。

2. 了解红领巾的外观，知道红领巾的意义，学习红领巾的正确系法。

3. 知道要爱护红领巾。

【活动准备】

红领巾、学系红领巾的视频、教学PPT。

【活动过程】

1. 少先队员图片导入。

师：这些小朋友脖子上都戴着什么？（教师告诉幼儿：戴红领巾的小朋友叫少先队员）

2. 认识红领巾。

（1）师：红领巾是什么样子的?

（2）教师通过故事讲述，介绍红领巾的由来，教育幼儿要爱护红领巾。

3. 学做少先队员。

（1）观看入队仪式。（戴红领巾、宣誓、敬礼）

（2）幼儿学习系红领巾。（PPT出示系红领巾的步骤）

儿歌：

我会系红领巾

披在肩上边
左肩压右肩
右肩绕一圈
圈里抽出尖

（3）模仿行队礼。

（4）告诉小朋友要热爱学习、关心班集体、团结友爱、热爱劳动，早日当上“少先队员”。

（二）社会：小学生的早晨

【活动目标】

1. 萌发对小学生活的向往和成为小学生的愿望。

2. 了解小学生的早晨会做什么，为进入小学做好经验铺垫。

3. 通过记录比较，讨论早晨时间的安排，形成一定的时间观念。

【活动准备】

1. 幼儿的生活作息记录表。

2. 一段小学生的录像，包括以下镜头：

镜头一：6：30，起床，整理床铺；

镜头二：6：45，吃早点，自己洗碗；

镜头三：7：00，拿起课本开始朗读；

镜头四：7：25，戴红领巾；

镜头五：7：30，背上书包出门。

【活动过程】

1. 经验交流与分享。

（1）导入： 最近我们都记录了自己从早晨起床到上学的这段时间做了些什么事情，有谁愿意介绍一下自己的记录？

（2）幼儿交流记录表中的内容。

师：你能看到××早晨起床后做了哪些事吗？他做的事情和你一样吗？

这段时间里××一共做了几件事？有谁比他更多？

谁能看出××从起床到上学一共用了多少时间？比比谁用的时间最短（长）？

小结：每个人早晨起床的时间和起床后做的事情都不一样，需要的时间也不一样，你们想不想知道小学里的哥哥、姐姐早晨起来都做哪些事情？

2. 看视频，了解小学生的早晨时间安排。

（1）看第一遍视频并讨论。

师：早晨姐姐做了哪些事？

为什么出门前要戴上红领巾？你早上出门前会戴上什么？姐姐做的哪些事是我们没有做过的？

（2）观看前提出要求，看第二遍视频并进行记录、交流。

师：把姐姐先后做的事记在纸上，再试着算算做每一件事情用了多长的时间。

（分段观看录像，进行验证）

（3）姐姐从起床到出门上学一共用了多长时间？你是怎么算出来的？

3. 比较与延伸。

师：你们马上就要成为小学生了，请你们把小学生的早晨时间安排和自己的比一比，看看我们做哪些事情用的时间长了，哪些事情我们还没有做过，试一试。

（三）生活：整理小书包

【活动目标】

1. 通过整理书包萌发做小学生的愿望。

2. 了解书包的结构和各部分的用途。

3. 学习有序地整理书包，养成自我管理的意识。

【活动准备】

每人准备：书包一个、书三本、水壶一个、雨伞一把、文具盒一个、铅笔三支、水彩笔一盒。

【活动过程】

1. 谈话导入。

再过几个月，你们就要上一年级成为一名小学生了。要想成为一名合格的小学生，就要养成良好的习惯，学会自己的事情自己做，今天你们都背来了自己心爱的小书包，真神气啊！

2. 了解小书包。

（1）了解书包的结构及用途。

师：仔细看看你的书包是什么样子的？谁愿意介绍一下自己的小书包呢？

（2）师幼小结。

小朋友们说得真好，我们每个小朋友都有一个心爱的小书包，上面有漂亮的颜色和图案，还有两根背带，有的小书包前面有个口袋（叫前袋），两侧还有两个小兜兜（叫侧袋），中间还有许多层（叫隔层）。

3. 尝试整理小书包。

（1）师：老师准备了你们上小学常用的东西在桌子上，你认为这些东西放在书包的哪一层合适呢？现在，试着把这些东西放进书包里。

（2）幼儿尝试整理小书包。

4. 说一说：你是怎样整理书包的。

师幼讨论：怎样放才能让我们拿东西的时候更方便呢？

小结：书包里面有很多层，每一层都有用处。铅笔、橡皮、尺子放在文具盒里，文具盒、卷笔刀可以放在一起，放在最小层里；书和本子分别由小到大的顺序整理叠放，平整地放进书包最大层；雨伞、水壶可以放在书包两侧的小兜兜里。

（四）社会：课间十分钟

【活动目标】

1. 尝试自己合理安排课间十分钟。

2. 了解课间十分钟必须要做和可以选择做的事。

3. 感受十分钟有多久，体验并向往小学生活。

【活动准备】

小学生课间活动视频、画纸、水彩笔、时钟。

【活动过程】

1. 出示时钟，认识十分钟。

（1）教师出示时钟，将时针拨到整数。

师：时钟上的分针现在指向什么数字？

（2）教师拨动分针到下一个数字。

师：现在老师拨动了分针，分针走了几个数字？（1个）分针走了一个数字代表过了几分钟？（5分钟）分针走了两个数字代表过了几分钟？（10分钟）

小结：分针走了两个数字代表过了十分钟，小朋友们即将进入小学学习，小学生的课间休息时间就是十分钟。

2. 观看视频，了解小学生的课间十分钟。

（1）教师播放小学生课间活动视频。

师：刚才我们观看了小学生的课间十分钟视频，你们看到他们在课间十分钟里都做了哪些事情？（幼儿讲述视频内容）

（2）教师出示孩子打闹、做手工等图片。

师：在课间十分钟做这些事情适合吗？

小结：在课间十分钟里我们可以上厕所、喝水、做下节课的准备、玩小游戏，等等。做手工、打闹等比较费时间和剧烈运动的事情不适合做。

3. 我会做计划：课间十分钟。

（1）幼儿做“课间十分钟”计划。

师：小朋友们即将步入小学了，我们来做一个课间十分钟的计划，将自己在课间十分钟想做的事情画下来。

（2）分享交流计划。

4. 亲身体验，幼儿按照自己的计划进行演练。

教师给予幼儿十分钟的时间，让幼儿根据自己的计划开展活动，并在十分钟后反思：谁的课间计划完成了，谁的课间计划没有完成，为什么？（引导幼儿对自己的计划进行调整）

（五）社会：参观小学

双向衔接，成长“童”行

——怀化市幼儿园走进宏宇小学活动方案

【活动目标】

1. 了解小学的校园环境及主要活动环节，激发幼儿上小学的愿望，产生积极乐观的入学心理。

2. 鼓励孩子们说出心中疑问，与小学校长、老师及小学生对话，解决“疑问”，提升倾听和表达能力。

3. 通过亲身体验，知道幼儿园生活和小学生活的不一样，能主动为入小学做好准备。

【活动准备】

家长：和幼儿交谈对小学的已有认知。

教师：

1. 营造积极的入学心理和环境氛围，开展教学活动“我要上小学”。

2. 利用一日生活各个环节，围绕幼儿担心的事情进行谈话和有针对性的引导，帮助幼儿建立积极的入学心理准备和环境氛围。

3. 增强幼儿外出参观的规则意识及安全意识。

幼儿：知道自己将要入学的名称，用多种记录方式记录要成为一名小学生需做好哪些准备。

【活动过程】

1. 排队入校。

家长将孩子送到小学正门口后离开，各班教师组织幼儿有序排队进入学校操场。

2. 观摩课堂。

教师组织幼儿进入小学班级，由小学一年级教师上一堂语文或数学展示课，幼儿直观感受小学课堂氛围及上课常规（坐姿、举手发言等）。同时，幼儿家长通过腾讯会议，同步云上观摩，了解小学授课方式。

3. 现场问答。

校长、一年级教师及学生代表，幼儿园园长、教师及幼儿代表围桌交流，围绕幼儿提出的问题，一一进行解答。

4. 观摩晨会、生活活动。

在晨会上营造简单的欢迎氛围。

5. 参观校园环境及文化。

幼儿分组由小学教师或学生引导参观校园多功能室、操场、食堂、广播站、教室及校长办公室和校园特色课程。

6. 观摩大课间。

观摩小学生大课间活动，感受多姿多彩的小学生活。

7. 走进班级，对话小学教师及哥哥姐姐。

（1）了解小学生活及课堂。

营造热情、轻松的交流氛围。

一年级教师向幼儿介绍小学的生活与学习，着重介绍小学在第一个月第一周开展的相关入学适应活动。

（2）同做游戏，互赠礼物。

在课间休息时间，邀请小学生和幼儿一起进行游戏，并在游戏结束后互赠礼物，表达感谢。

【活动延伸】

1. 各班组织幼儿交流对小学的印象，画一画、说一说“我心中的小学”，制作“这就是小学”连环画（图4–3–2）。

2. 户外积木区开展大型建构——我心中的小学。

图4–3–2　走进小学系列活动

（六）科学：找座位

【活动目标】

1. 乐意参加数学活动，对数字感兴趣。

2. 通过自制座位票，了解座位票中“排”与“座”的意义。

3. 学会按座位票中的“排、座”两个条件，准确对号入座。

【活动准备】

1. 教具：一张大的“排”“座”图示；1—4“排”标记。

2. 学具：幼儿每人一张写有“×排×座”的纸、一支笔。

【活动过程】

1. 认识排，幼儿自做“排”号。

师："看！这里的椅子已经排成了一排排，请小朋友找个小椅子坐下来。请第一排的小朋友站起来，请第二排的小朋友挥挥手，请第三排的小朋友点点头，请第四排的小朋友举双手。请小朋友说说你是怎么知道你坐第几排的？"（幼儿做出相应的动作）

师：小朋友看，这是什么字？（排）这个排字的前面多了什么？这一横线表示写几排，请小朋友拿笔记在纸上，你是第几排的。

2. 认识"座"，幼儿制作"座"位号。

师：请小朋友把笔放下，数一数每排座位都有几张椅子？请问你是坐在几号座位的？请所有5号座的小朋友站起来，请所有4号座的小朋友点点头，请所有3号座的小朋友挥挥手，请所有2号座的小朋友站起来，请所有1号座的小朋友举双手。（幼儿做出相应动作）

师：小朋友看，这是什么字？（座）这个号字的前面多了什么？这一横线表示写几座，请小朋友拿笔记在纸上，你是第几座的。

3. 认读座位票。

师：请小朋友读一读自己的座位票。如"3排4座……"

4. 交换座位票，学习看票找座位。

师：请小朋友把笔放下，拿好座位票上来找个好朋友和他交换座位票读一读，大声地读出来，然后找到好朋友的座位坐下去。

小结：我们看座位票找座位时，要先找到"排"，再找到"座"。

5. 活动结束。

师：小朋友今天你们学会了看座位票找座位这个本领，请小朋友想一想，你在哪里见过座位票。（电影院）

【活动延伸】

玩"看电影"的游戏。

（七）社会：关于小学你想知道什么？（调查）

【活动目标】

1. 进一步了解小学生生活。

2. 在老师的指导下通过"一对一"访谈，完成"小学知多少"调查表。

3. 通过调查活动增加与同伴之间的交往，懂得关心他人。

【活动准备】

1. 物质准备："小学知多少"调查表。

2. 经验准备：幼儿提前开展过参观小学的活动。

【活动过程】

1. 谈话导入。

师：你们的好朋友是谁？知道他们将来打算去哪所小学吗？（幼儿自由讨论之后回答）

2. 介绍调查表，说明填写要求。

指导幼儿重点围绕调查表的问题进行访谈，还可根据自己的需要增加访谈问题，如：你想上哪所学校？那所学校是什么样的？等等。幼儿用自己的方式进行记录，每一位孩子只能访谈一个好朋友。

3. 幼儿填写，教师巡回指导。

4. 分享调查结果，统计将所上小学及人数。

小结：通过调查我们了解到上宏宇小学的有×人，大汉小学有×人，锦溪小学有×人。小朋友不管上哪所学校，都要与好朋友保持联系。

【活动延伸】

将调查表布置在环境主题墙中，供幼儿参观并进行交流（图4-3-3）。

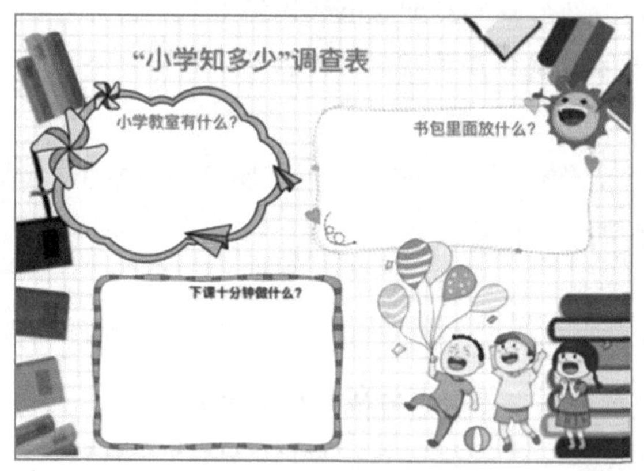

图4-3-3　调查表

（八）语言：参观小学，我们需要准备什么

【活动目标】

1. 增进幼儿与小学生的情感。

2. 能有礼貌地向小学生进行访谈，了解参观小学所需的注意事项，大胆在集体面前分享自己的调查结果，并独立做好参观小学的准备工作。

3. 培养幼儿的社交能力、任务意识和做事的计划性。

【活动准备】

调查记录表。

【活动过程】

1. 告知参观时间。

教师将参观小学的时间和具体事项告知幼儿，引发幼儿对参观小学的兴趣。

2. 布置调查任务。

要求幼儿利用双休日时间就“参观小学，我们需要准备什么？”这一问题向居住在附近的小学生进行调查并记录。

3. 调查分享。

教师请幼儿逐一分享自己的调查结果，教师进行记录梳理，如参观小学需要准备好水壶、纸巾、衣物、班牌，熟悉路线，了解小学规章制度，准备礼物，听从教师安排，等等。

4. 充分准备。

提醒幼儿按教师记录清单，做好参观准备，如：提前在家准备好要送给一年级哥哥姐姐的手工作品等。

（九）社会：从家到小学的路线图（亲子实践）

【活动目标】

1. 能与父母协商绘制路线图，认真专注地完成路线图绘制任务。

2. 学会看线路图，能用线条和符号画出路线图及重要标志物。

3. 体验亲子合作的乐趣，丰富幼儿的观察经验。

【活动准备】

1. 幼儿初步了解自己从家到小学的路线。

2. 怀化城市地图一张、绘图工具若干。

【活动过程】

1. 亲身体验。

幼儿在家长带领下，熟悉家到小学的路线。鼓励幼儿观察途经的主要建筑及道路情况。

2. 感知理解，学习操作。

（1）借助导航App，再次了解从家里到小学的路线，初步了解路线图。

（2）幼儿查阅相关路线图的图片，说说自己对路线图的发现。

说出路线图上每一个地方运用的标志，通过图案识别以提高对地图的理解。（如房屋、花草树木、河流、公园等符号的地图）

3. 实际操作。

幼儿绘制路线图，家长提示幼儿在绘制好的路线上要加入重要标记（图4–3–4）。例如：家的前面有一个公园，所以可以在家的旁边画一座石桥和一些草地；路上经过了一条小河，所以可以在途经的相应位置画上一条小河；等等。

4. 家长提示：标志设计要清楚、明显，方向要准确。

5. 说说“我的上学路线”及上学路上应注意的问题。

幼儿介绍自己的路线图。讲述时家长可引导幼儿运用方位词，如：从……出发，过……左转，往前走，穿过斑马线等。

图4–3–4　大四班郭佳兴小朋友家到宏宇小学路线图

（十）艺术：我心中的小学

【活动目标】

1. 积极参与绘画创作活动，愿意在集体面前介绍自己的作品和美感体验。

2. 能自主、独立地运用多种工具和表现手法表达对心中小学的感受和想象。

3. 能有序、连贯、清晰地表达自己的想法。

【活动准备】

小学生活场景图。

【活动过程】

1. 回顾导入。

师：上次我们一起参观了锦溪小学，还记得它是什么样子的吗？跟幼儿园有什么不一样？（播放参观小学视频，引导幼儿回忆并讲述）

2. 说一说。

（1）师：假如老师想请你们做设计师，建造一所你心目中的小学，你希望它是什么样子的？（幼儿相互讨论，交流自己的想法）

（2）请幼儿代表说一说自己的想法。

3. 画一画。

幼儿自由选择材料创作，教师巡回观察指导。

4. 展一展。

（1）幼儿分享作品，在集体面前介绍自己的想法。

（2）师幼共同欣赏、点评作品。

（3）教师跟孩子一起布展作品（图4-3-5）。

图4-3-5　大七班幼儿作品

（十一）语言：幼儿园与小学的不同

【活动目标】

1. 加深幼儿对小学环境设施与小学生学习生活的了解，勇敢地接受小学挑战。

2. 在观察比较中，能用连贯、流畅的语言描述小学与幼儿园的差异。

3. 培养幼儿语言表达力和敏锐的观察比较力。

【活动准备】

幼儿前期参观过小学、反映幼儿园与小学生活的系列照片。

【活动过程】

1. 引导幼儿回忆已有经验，交流分享。

师：上次我们去小学参观，发现小学和幼儿园有很多不一样的地方，有哪些不一样呢？（幼儿回忆）

2. 比较并描述小学与幼儿园的不同。

（1）出示对比图，引导幼儿比较户外环境的不同。

师：小学的户外与幼儿园的户外有什么不同？

小结：幼儿园户外有很多玩具和游戏区，小学户外玩具设施较少。

（2）播放视频1，引导幼儿比较教室的不同。

师：小学和幼儿园教室有什么不同？

小结：小学教室门口会有几年级几班的牌子，每层楼都有男厕所和女厕所，我们幼儿园是每个班级都有厕所，所以上小学下课后要及时去厕所，老师办公室不一定就在我们教室的附近。

（3）播放视频2，引导幼儿比较上课的不同。

师：小学上课和幼儿园上课有哪些不一样？小学的桌椅和我们幼儿园摆放的一样吗？小学每个教室都有两块黑板，是干什么的呢？

小结：小学的课桌椅是分组排列的，后面的一块黑板是黑板报，有我们感兴趣的内容。

（4）观看小学一年级的课表，了解小学课程。

师：小学有哪些课程？上课时间有什么不一样？

小结：幼儿园有两个集体教学活动，小学每天有八节课。小学课时多且上课时间长。幼儿园一节课是30—35分钟，小学一年级是35—40分钟。

3. 幼儿相互交流，收集更多的信息。

（十二）艺术：我心中的小学老师

【活动目标】

1. 萌发幼儿对老师的热爱和尊敬之情。

2. 运用多种绘画表现手法表现人物的外貌特征。

3. 表达自己对美的感受。

【活动准备】

已参观过小学生上课；黑色勾线笔、彩笔、画纸、课件等。

【活动过程】

1. 谈话导入，分享他们心目中的小学老师形象。

师：我们到小学参观时老师是怎样讲课的？（幼儿讨论交流）

2. 图片展示，观察小学老师的形象。

找找人物特征。头发、衣服样式、脸型、五官等。

3. 分组讨论。

将幼儿分成小组，讨论心中的小学老师形象，每组选出一位代表，分享讨论的结果。

4. 画画我心中的小学老师。

师：大家拿起画笔给心中的小学老师画张像吧，可以根据老师的喜好以及所教的学科添画上背景。

幼儿作画，教师巡回指导。

5. 展示作品，分享交流。

找出最喜欢的一幅作品，说出理由。鼓励小朋友们积极面对小学生活，勇敢迈出成长的脚步。

（十三）建构游戏：我心中的小学

【活动目标】

1. 乐意与同伴合作完成“我心中的小学”的搭建，感受集体合作的快乐，萌发对小学的热爱与向往之情。

2. 了解小学建筑特点和空间布局，尝试使用多种材料进行建构，和同伴协商一起完成搭建任务。

3. 尝试运用排列、组合、连接等方式，建构有一定模式的造型，并尝试给建筑物命名。

【活动准备】

1. 经验准备：幼儿已经有基本的建构技能，能较熟练运用围合、垒高、架空、平铺等建构技能，且已经进行了初步分工。

活动前，已经参观过小学，了解小学相关建筑设施的布局。如小学的楼比较多，有教学楼、食堂、操场等。每栋楼功能都不一样，而且楼层特别地高，有很多教室和哥哥姐姐。

2. 材料准备：主题介绍、小组分工图、设计图、建构游戏规则、基本的建构方法图、小学建筑物系列图片等相关展板。

辅助材料：小人、雪花片、纸箱、奶粉桶、纸、笔、双面胶、地垫等。

3. 场地准备：参见图4–3–6的布局。

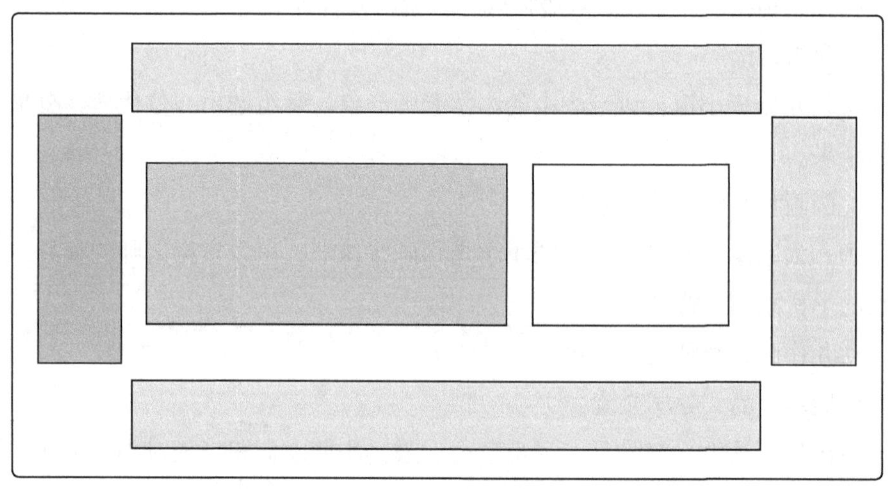

图4–3–6　场地准备

【活动过程】

1. 引出搭建“我心中的小学”主题，明确分工。

师：上次活动中，我们画好了锦溪小学设计图并思考如何搭建小学，做好搭建的计划和准备。谁来说一说你今天的任务是什么？你想怎样完成？

幼儿自由交流。教师着重了解幼儿实施计划的方法，适时追问并积极引导。

2. 提出要求，启发幼儿思考。

师：怎样能够让我们搭建的作品更立体呢？除了你们讨论的搭建方法，老师还提供了一些镂空搭建、多边垒高搭建等方法图示，看大家是否需要？

师：今天就让我们根据计划，合作搭建教学楼、食堂、操场吧！

3. 幼儿进行搭建，教师巡回指导。

幼儿分成四组，按照自己的分工任务进行合作搭建。教师重点观察幼儿搭建方法及出现的问题。当幼儿遇到困难时，老师进行观察，并根据情况适时支持。

4. 幼儿完成搭建，师幼共同总结，分享交流感受和经验。

师：谁愿意来分享你搭了什么？遇到困难了吗？是怎么解决的？

5. 师幼共同小结，梳理经验。

提示：搭建后，教师可观察作品的整体性和立体性，适时提问，为下一次活动留有余兴，同时对按计划完成任务的小组及新的搭建方法表示肯定和鼓励，让幼儿体验合作建构的成功与快乐。

6. 在情境中一起游戏，体验游戏的快乐。

幼儿和“我心中的小学”合影留念，给小学取名，并进入搭建的情景中进行自由游戏。

7. 播放音乐，收拾与整理积木。

【活动建议】

1. 在活动后，家长带着孩子再次参观多所小学，为下次活动积累经验，丰富建筑类型与搭建方法。

2. 在建构区墙面展示不同小学的图片和孩子们的设计图。

主题活动二：我们的毕业季

高敏敏　吴委蔚　明磊

一、主题来源

“毕业”是大班孩子离园阶段重要的课程内容，当我们聊起毕业的话题时，有的孩子表达了自己即将离开幼儿园和同伴的不舍；有的孩子则认为毕业是一件值得高兴的事情，代表自己长大了，成为一名小学生了；有的孩子仍然懵懵懂懂，不了解毕业到底是什么。经过讨论，我们认为“毕业”不能只走走形式，而应该梳理好孩子的感情线以及对孩子们发展的意义。以开展“毕业典礼”主题活动为核心，从“我们的留恋”“我们的盛会”“我们的期待”三个子主题中体现“尊重儿童意愿、获得情感体验、珍藏深刻记忆”的理念，从而调动孩子们对幼儿园即将毕业的依依惜别情怀以及对小学生活的向往和期待（图4-3-7）。

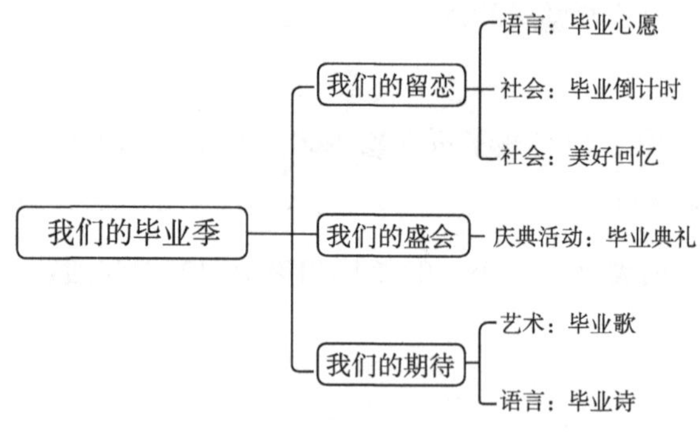

图4-3-7　“我们的毕业季”主题网络图

二、主题活动目标

（1）通过多种方式了解关于毕业典礼的具体内容，知道毕业典礼是幼儿园阶段最有意义、最有仪式感的活动之一。

（2）积极主动地参与毕业典礼的策划、准备和实施过程，分享毕业的感受，体验成长的自豪。

（3）回顾幼儿园的美好时光，乐意表达对老师、同伴的惜别之情和对幼儿园的感恩之情。

三、主题活动内容

（一）语言：毕业心愿

【活动目标】

1. 感受毕业心愿的美好，进一步增进对同伴、老师的情感。

2. 能用连贯的语句表达毕业心愿，并通过绘画形式表现出来。

【活动准备】

爱心纸、水彩笔。

【活动过程】

1. 出示心愿卡，导入活动。

师：小朋友们，马上就要从幼儿园毕业了，每个人都有自己的毕业心愿，谁来说一说？（幼儿自由表达）

小结：心愿就是心中美好的愿望，它就像一粒种子，播种在爱的土壤里，能开出最美的花朵。

2. 幼儿制作“毕业心愿卡”。

教师出示心形心愿卡，引导幼儿将自己的心愿画在心愿卡上。

3. 说说“我的毕业心愿”。

（1）请先画好的小朋友与身边的好朋友交流一下自己的愿望。

（2）请小朋友在集体面前讲讲自己画的是什么，有什么毕业心愿？

4. 幼儿许愿。

全体幼儿将心愿卡贴在许愿墙上，并面向许愿墙许愿。

师：刚才你许了什么愿呢？能告诉我吗？（幼儿自由讲述自己的心愿）

5. 教师展示心愿卡，向幼儿表达祝福。

师：你们想知道老师的心愿吗？我的心愿就是希望你们每天都能开开心心、健健康康，成为优秀的小学生！

6. 老师和全体幼儿一起在心愿墙合影留念。

（二）社会：毕业倒计时

【活动目标】

1. 珍惜在园时间，体验动手制作毕业倒计时牌的乐趣。

2. 理解倒计时的含义及毕业倒计时牌上的内容及意义，能与同伴共同设计制作毕业倒计时牌。

3. 积极分享对毕业的感受，进一步增进幼儿对幼儿园及同伴的深厚情感。

【活动准备】

1. 课件准备："数一数"组图；"不同的倒计时牌"组图；"我会制作倒计时牌"组图。

2. 材料准备：一本日历（在毕业的日子上画上红圈）；皱纹纸、黏土、水彩笔等美工材料若干。

【活动过程】

1. 教师出示实物"日历"，并圈出毕业日期，引导幼儿知道毕业离园的日子。

师：小朋友们看，这是什么？（日历、挂历）（教师可翻到当月）今天是×月×日，请你在日历上找出来吧。（教师可翻到6月）仔细观察日历上红圈圈出的日子是几月几日？猜一猜这个日子和我们有什么关系，要做什么呢？

小结：红圈圈出的是6月××日，是我们毕业离开幼儿园的日子。

2. 出示组图"数一数"，引导幼儿了解离毕业还有多少天，积极分享对毕业的感受。

（1）出示组图"数一数"，引导幼儿知道倒计时的含义，了解离毕业还有多少天。

师：我们离毕业还有多少天？可以用什么方法知道？（数数、倒数）对了，可以用倒计时这个方法来计算，那什么是倒计时呢？（从后面的某个日子往前计算时间）从6月××日到今天，一共有多少天呢？一起跟着老师数一数吧！

（2）师幼互动，鼓励幼儿积极分享对毕业的感受。

师：时间过得真快，小朋友们还有××天就要毕业了。想到毕业要离开幼儿园，去上小学啦，你们是什么样的心情？（开心、激动、忧伤……）为什么？

小结：想到即将要毕业，小朋友们的心情都各不相同。有的很开心激动，因为想到自己马上要成为一名光荣的小学生了。有的小朋友很忧伤难过，因为要告别老师和身边的小伙伴……（教师可根据幼儿回答调整小结）

3. 出示组图“不同的倒计时牌”，引导幼儿欣赏，了解倒计时牌上的内容。

教师：这些倒计时牌有哪些形状？上面有什么内容？（图案、文字、数字）这些数字是什么意思呢？

小结：每块倒计时牌的形状不一样，牌上有标题“毕业倒计时”和“天”字，周围可以用各种图案来装饰。在“天”字前面会粘贴上数字，这个数字代表今天距离毕业还有多久。

4. 出示组图“我会制作倒计时牌”，鼓励幼儿发挥想象力制作倒计时牌。

（1）出示组图“我会制作倒计时牌”，带领幼儿了解倒计时牌的制作方法，拓展思路。

（2）幼儿分组，大胆想象并与同伴自由讨论制作方法。

教师：现在每个小组一起来制作一个倒计时牌吧。和你的小伙伴一起讨论一下，你们想用什么样的底板制作倒计时牌？标题和文字想贴在底板的哪个位置？倒计时牌上会有哪些图案？

（3）幼儿自主创作，教师巡回指导。

（4）幼儿展示、分享、交流作品。

（5）结束活动，将制作好的倒计时牌投放到区域中，供幼儿后续计时。

（三）社会：美好回忆

【活动目标】

1. 知道毕业照的意义，在拍照过程中产生对幼儿园的依依惜别之情。

2. 了解拍照的流程，尝试制订拍摄计划。

3. 能自主协商、分工合作，按计划完成拍摄任务，并分享照片内容和拍摄方法。

【活动准备】

预约家长义工；准备好拍摄工具、打印机、照片纸、美术展架。

【活动过程】

1. 谈话导入：你想留下什么？

师：快要毕业了，幼儿园里有我们喜欢的地方、喜欢的人，还有最喜欢

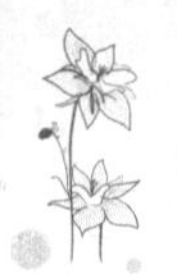

做的事情，你最想留下什么？（幼儿自主讨论）怎样把这些美好时光保存下来呢？（拍摄记录）

2. 明确小组任务，制订拍摄计划。

（1）师：我们每个组都制订一个拍摄计划，想好你们分别要去哪里拍摄，要拍些什么内容呢？拍摄时要注意哪些方面？如何分工？

（2）幼儿分组协商制订拍摄计划，教师巡视指导。

（3）请1—2组分享自己的拍摄计划。

3. 家长义工带幼儿以小组为单位按照计划分头拍摄。

4. 通过投屏，各组分享拍摄成果。

师：这张照片拍的是什么？你们是怎样拍出这样的效果的？（请幼儿分享照片所表现的故事，介绍特效拍摄的方法）

【活动延伸】

举行《美好回忆》摄影展，让幼儿回忆在幼儿园的美好时光。

（四）庆典活动：毕业典礼

满载星光，逐梦启航

——2022届大班毕业典礼活动方案

幼儿园毕业活动象征着幼儿即将由幼儿园进入小学，是具有转折意义的纪念性活动。通过开展毕业典礼，使幼儿充分感受到毕业的庄重和神圣，并充分展示自己，获得被尊重、被肯定、被祝福的体验，体会惜别之情，享受成长的喜悦。

【活动时间】

2022年6月28日17：30。

【活动地点】

大操场。

【参与人员】

大班组全体师生、园领导、各部门代表、家长代表。

【活动准备】

1. 前期师幼讨论、年级组教师商量，制订活动方案。

2. 确定舞台布置，购买相应制作材料。

3. 排练师幼节目。

4. 录制《毕业诗》《毕业歌》表演视频，幼儿提前熟悉。

5. 制作幼儿成长视频。

6. 购买毕业礼物。

7. 视频、音响设备调试。

8. 活动当天教师穿园服，幼儿穿小博士服。

【活动流程】

1. 幼儿入场。

2. 开场表演：《啦啦操》。

3. 罗园长致辞。

4. 家长代表发言。

5. 毕业生代表发言。

6. 家长节目：《幼不舍》。

7. 幼儿节目：《一年级》。

8. 老师节目：《启程》。

9. 幼儿给教职工代表献花。

10. 园长颁发毕业证书和毕业礼物，合影留念。

11. 齐读《毕业诗》、齐唱《毕业歌》。

12. 幼儿园的最后一夜：看电影。

（五）艺术：毕业歌

【活动目标】

1. 感受歌词中传达的离别之情，抒发对幼儿园的不舍之情。

2. 理解歌词内容，感受歌曲旋律的A–B–A结构。

3. 学唱歌曲，练习接唱和齐唱的演唱方式。

【活动准备】

1. 经验准备：对“毕业”有一定了解；幼儿已较好地掌握带附点节奏的歌曲演唱。

2. 课件准备：“时钟”音效；《毕业歌》歌曲音频、伴奏音频、慢速伴奏音频及歌词图谱。

【活动过程】

1. 音效导入、练声。

（1）播放音效“时钟”，激发幼儿兴趣。

师：听，这是什么声音？（时钟）时钟的声音是怎样的？（嘀嗒嘀嗒）

（2）教师弹奏音乐，带领幼儿做发声训练。

3 . 4 5 |3 . 4 5 | 5 3|1 –|1 5|1 5|5 43 2 |3 –|

嘀 嗒嘀 嗒 嘀 嘀嗒 嘀 嗒嘀 嗒嘀 嘀 嗒

2. 完整欣赏歌曲。

（1）师幼谈话，引导幼儿回顾美好的幼儿园生活。

师：小朋友们在幼儿园的三年，最开心的事情是什么？

（2）播放歌曲音频及图谱《毕业歌》，引导幼儿说出感受。

师：刚才我们听了什么歌曲？（《毕业歌》）听了这首歌有什么感受？（幼儿自由讲述）

小结：这是一首离别的歌，表达了小朋友对幼儿园的不舍和对要上小学的期待。

3. 学唱歌曲。

（1）播放歌曲、图谱第一段，引导幼儿学唱歌曲第一段。

师：时间过得真快呀，小朋友们从幼儿园毕业后要去哪里呢？歌词是怎么说的？我们一起来唱唱吧！（出示图谱，幼儿跟唱第一段）

小结：时间像飞鸟，嘀嗒嘀嗒向前跑，今天我们毕业了，明天就要上学校。小朋友们也要毕业了，毕业了就要离开幼儿园，到小学去继续学习本领。

（2）播放歌曲、图谱第二段，引导幼儿学唱歌曲的第二部分。

师：这位小朋友舍不得离开幼儿园，因为她忘不了幼儿园的什么呢？歌词是怎么说的？我们一起唱一唱吧。

小结：忘不了，幼儿园的愉快欢笑；忘不了，老师们的亲切教导。小朋友们忘不了幼儿园的同伴、老师和我们的活动室，老师也忘不了小朋友们。

师：你们还忘不了幼儿园的什么？（幼儿大胆讲述）

（3）播放歌曲及图谱第三段，引导幼儿学唱歌曲的第三部分。

师：虽然舍不得，但是最终大家还是要说再见，这位小朋友向谁说了再见呢？她和大家做了什么约定？歌词是怎么说的？我们一起唱一唱吧。

小结：老师老师再见了，幼儿园再见了。等我戴上红领巾，再向你们来问好。小朋友们和老师、幼儿说再见，老师也要和你们说再见。

4. 再次播放歌曲及图谱《毕业歌》，引导幼儿理解歌曲旋律的A–B–A结构。

师：刚刚我们分了三段来学唱这首歌曲，你有发现哪两段听起来很像？（第一段和第三段）

师：第一段和第三段听起来是什么感觉？（欢快）中间这段给你的感觉是什么？（舒缓）

唱这三段时分别是什么心情？为什么？

小结：唱到第一段时，小朋友要上小学了，既期待又开心，所以唱得很欢快；唱到第二段时，小朋友想到幼儿园的快乐生活，有点不舍，所以唱得比较舒缓；唱到第三段时，小朋友对小学的生活充满信心，想到还可以回幼儿园看望老师，又变得开心起来，所以又唱得很欢快。

5. 播放歌曲及图谱，将幼儿分成两组，练习接唱和齐唱，进一步体会歌曲A–B–A结构。

（1）将幼儿分为两组。

（2）引导幼儿明确自己演唱的内容。

（3）第一组幼儿期待、开心地演唱第一段，共两句。

（4）第二组幼儿不舍、舒缓地演唱第二段，共两句。

（5）第一组幼儿自信、开心地演唱第三段。

（6）一轮演唱完毕，两组幼儿交换演唱内容。

6. 师幼互动。

鼓励幼儿自由表达即将毕业的心情和对幼儿园的不舍，活动自然结束。

师：毕业后你还会记得幼儿园里的老师和好朋友吗？你有什么想对小伙伴、老师和幼儿园说的？

（六）语言：毕业诗

【活动目标】

1. 懂得感恩，感受成长的快乐及别离时的依依不舍。

2. 理解诗歌内容，能通过调整语速、音高有感情地朗诵《毕业诗》，表达自豪、喜悦、不舍的复杂情感。

3. 能向老师和同伴大胆表达自己的想法。

【活动准备】

1. 经验准备：幼儿有即将毕业的各种体验，对幼儿园和老师有依恋不舍之情。

2. 课件准备：《毕业诗》诗歌视频；《毕业诗》诗歌音频及图片；《毕业诗》诗歌伴奏。

【活动过程】

1. 组织毕业谈话，鼓励幼儿自由分享毕业前“我想说的心里话”。

师：再过些日子，我们就要毕业了，此刻你心里是怎么想的？想对老师和小朋友们说些什么？

2. 分段播放诗歌视频《毕业诗》，请幼儿欣赏。

师：今天老师带来一首诗歌，它讲了小朋友就要告别幼儿园时的心情，我们一起来听一听。

（1）播放诗歌音频及图片《毕业诗》第一段，引导幼儿感受快上小学的喜悦。

师：为什么他说是最后一次站在这里？上小学是怎样的情景？

（2）播放诗歌音频及图片《毕业诗》第二段，引导幼儿感受成长的自豪。

师：诗歌里的小朋友刚上幼儿园时表现怎样？现在已经学会了哪些事？

（3）播放诗歌音频及图片《毕业诗》第三段，引导幼儿感受分别的不舍。

师：诗歌里的小朋友，在即将与老师分别的时候，说了什么话？你看完这首诗，心情如何？

3. 播放诗歌音频伴奏《毕业诗》，带领幼儿充满感情地诵读。

（1）师幼讨论如何表现诗歌三段不同的情感。

（2）提醒幼儿诵读第一段时，声音高亢，表达即将成为小学生的自豪感。

（3）诵读第二段时，语速稍缓，表现出对老师的感激之情。

（4）诵读第三段时，声音上扬，表达即将分离的依依不舍以及对未来学习、生活的信心。

（5）师幼有感情地朗诵诗歌。

4. 组织谈论、回忆，鼓励幼儿大胆表达。

师：除了诗歌里说的这些事情，你觉得还有哪些事值得你回忆？还有哪些人值得你感谢？你想对他们说什么？

5. 集体朗诵毕业诗，结束活动。

主题活动三：爱学习的我

李军　杨阳　孙睿　杨丽华　宗泉秀

一、主题来源

《幼儿园教育指导纲要（试行）》中明确指出要“培养幼儿对生活中常见的简单标记和文字符号的兴趣”，“引发幼儿对书籍、阅读和书写的兴趣，培养前阅读和前书写技能”。“爱学习的我”这一主题通过“阅读小能手”“有趣的数学”“书写好习惯”“倾听小达人”四个子主题，采取教学活动、区域活动、传统节日、家园共育等多种方式，帮助幼儿养成良好的听、说、读、写习惯，增强时间观念和做事计划性，培养好奇、专注、坚持等优良学习品质，全面帮助幼儿做好学习准备（图4-3-8）。

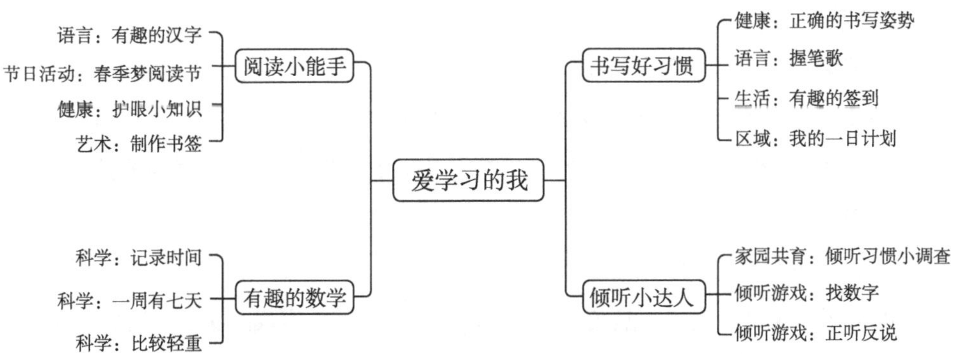

图4-3-8 “爱学习的我”主题网络图

二、主题活动目标

（1）养成良好的阅读兴趣和习惯，懂得爱眼、用（护）眼的小常识。

（2）对文字、标记敏感，积极运用文字或符号进行签到、记录，掌握正确的握笔姿势。

（3）了解时间的特点，懂得时间的宝贵，会制订计划，合理安排时间，懂得自我管理。

（4）在多种游戏中，培养专注性倾听、辨析式倾听和理解性倾听能力。

三、主题活动内容

（一）语言：有趣的汉字

【活动目标】

1. 对文字符号感兴趣，知道文字表示一定的意义，感知我们的生活离不开汉字。

2. 了解汉字的起源及演变过程，知道现代汉字是由古代的汉字发展而来的。

3. 感知象形字，在游戏中尝试找出相对应的汉字。

【活动准备】

1. 前期经验准备：在一日活动中为幼儿提供接触汉字的机会。（晨谈活动、室内自主游戏、餐前活动等）

2. 物质准备：PPT；视频《仓颉造字》；象形汉字图片及字卡。

【活动过程】

1. 情境导入：参观汉字王国。

（1）教师：孩子们，今天我们一起去参观汉字王国！

（2）找汉字（教师出示图片），瞧！汉字王国里有什么？请将图片中的汉字找出来。

2. 观看视频。

幼儿了解汉字的起源及演变过程，知道现代汉字是由古代的汉字发展而来的。

师：为了让我们更好地了解汉字，汉字王国的国王给了我们一段精彩的视频，一起去看看吧！

（1）观看视频，了解甲骨文的特点。

师：它是中国古代的文字，你们觉得它像什么？原来它是太阳的意思，这个字演变到现在，变成了汉字里的“日”字！

小结：这些图案是出现最早的文字，叫作甲骨文。在很久以前，当时没有笔和纸，人们是在石头上、骨头上、乌龟壳上刻画图案来记录事情的，这就是当时的文字。

（2）观看视频，了解象形字的特点。

师：看看它像什么？猜猜是什么字？

小结：“山”就像一座大山的样子，在一群山的中间有一座高高的山峰，这种字就是照着那个东西的形状画出来的，叫作象形字。

3. 汉字游戏。

（1）找朋友。

师：汉字国王还给我们准备了好玩的游戏，游戏1“找朋友”，请小朋友将象形字和相对应的汉字找出来。

（2）猜一猜。

师：游戏2“猜一猜”，请个别幼儿上台用身体拼摆汉字，下面的幼儿猜一猜是什么字。

4. 生活中的汉字。

师：在我们的日常生活中看到过汉字吗？你在哪里见过？（医院、学校、电影院、超市……）

如果没有这些汉字，我们的生活会怎么样？

小结：汉字给我们的生活带来了方便，我们的生活离不开汉字。

5. 结束。

师：参观汉字王国结束了，咱们回去吧！

（二）节日活动：春季梦阅读节

【活动目标】

1. 以绘本阅读为依托，激发幼儿阅读的兴趣，增长幼儿认知学习，帮助幼儿找到真善美的钥匙。

2. 培养幼儿乐意与人交往，礼貌、大方，对人友好，全面提高幼儿的文明礼仪素养。

3. 通过活动提高家长对早期阅读重要性的认识、改善家庭的阅读环境，实现家园合作。

【活动准备】

营造活动氛围；绘本若干。

【活动过程】

1. 活动一：开幕式。

（1）园长开幕致辞。

（2）阅读节活动介绍。

播放PPT，介绍小、中、大阅读节系列活动及时间安排。

（3）情景剧表演《我们爱读书》。

2. 活动二：制作文明礼貌礼仪绘本。

组织“礼仪绘本”亲子图书制作活动，请家长与幼儿一起制作图书，将自制绘本分享至班级群，并用以丰富班级阅读区。

评奖：每班评出最佳创意奖、最佳制作奖，并推荐10个优秀作品在年级组集中展示。

3. 活动三：图书漂流市场。

漂流市场现场布置要求：以每个班级为单位，各自选择户外区域布置，创设温馨的读书氛围，并准备50本以上种类繁多的绘本，设置好书推荐展板。老师登记好图书信息、编号等，幼儿漂流时可在漂流地任选自己喜欢的图书阅读（图4-3-9）。

图4-3-9　图书漂流

（1）活动开始，轻柔音乐响起。

（2）每个摊位由一个固定老师留守，接待来访的小朋友，并介绍书籍。另外两位老师带着孩子自由地逛集市摊位。

（3）活动结束，老师带孩子们有序回到班级。

4. 活动四：家长助教活动——故事妈妈进课堂。

（1）各班提前确定“故事妈妈”名单。（每个班级2名家长即可）

（2）提前告知家长来园时间，提醒家长做好准备。

（3）故事妈妈进课堂要求：仪表端庄、着装整齐、提前准备一本绘本、熟悉故事、预演讲故事流程、自行准备道具。

（三）健康：护眼小知识

【活动目标】

1. 懂得保护眼睛的重要性，学习保护眼睛（视力）的方法。

2. 尝试创编“眼球操”，体验成功的乐趣。

3. 发展手眼协调能力。

【活动准备】

幼儿自制的小老鼠指偶人手一个；教师自己设计的护眼知识课件；眼保健操视频；音乐。

【活动过程】

1. 出示图片直接导入。

师：小朋友们，你们看图片上的小朋友和我们有什么不一样？（戴了眼镜）

2. 初步了解眼睛的重要性。

（1）请大家说一说这两个小朋友戴眼镜的原因。

（2）师：戴眼镜好不好？为什么？

3. 观看课件“眼镜公主”，进一步了解眼睛的重要性，学习保护眼睛。

（1）师：有一位公主她的眼睛遇到了一些怪事，我们一起去看看吧！（观看课件1）了解眼睛的重要性。

师：公主最近为什么怪怪的？她为什么会这样呢？我们接着看吧！

（2）观看课件2，感知导致眼睛变坏的原因。

师：她的眼睛怎么了？她为什么会这样呢？医生怎么说的？戴上眼镜的公主是什么样的？我们一起去瞧瞧吧！

（3）观看课件3，知道戴眼镜是一件麻烦的事情。

师：眼镜让眼镜公主的生活遇到了什么麻烦？既然戴眼镜这么麻烦，我们来帮帮公主吧，怎样才能使公主的眼睛好起来，不用戴眼镜呢？

（4）师：你们太棒了，想了那么多办法，我们一起去看看公主用了哪些方法？（观看课件4、5、6）

小结：原来，戴眼镜是一件这么麻烦的事情，我们拥有一双灵活明亮的眼睛多棒啊！

4. 出示图片，巩固爱护眼睛的知识。

（1）讨论：小朋友们你们平时是怎样保护眼睛的？（幼儿讲述）我们一起来看看医生是怎么说的！

（2）观看课件“爱护眼睛”。

师：刚才医生叔叔（阿姨）告诉了我们什么？

5. 眼睛会做操。

（1）观看眼保健操视频，学做眼保健操。

（2）创编“眼球操”——猫捉老鼠。

教师取出小老鼠指偶，引导幼儿想象自己是黑猫警长，眼珠随着老师手中的小老鼠上、下、左、右移动，不让老鼠逃跑。

6. 结束。

小结：眼睛是心灵的窗户，小朋友们从现在起要养成爱护眼睛的好习惯，让自己拥有一双明亮的眼睛。

（四）艺术：制作书签

【活动目标】

1. 体验自己动手制作书签的乐趣。

2. 了解书签的由来及作用，尝试用不同的材料制作书签。

3. 学会使用书签做标记。

【活动准备】

教师自制书签一个；“各式各样的书签”PPT、视频；有关制作的材料（毛线、卡纸、彩笔、树叶、木棍、剪刀、丝带……）

【活动过程】

1. 出示书签，激趣导入。

教师出示自制书签，提问：小朋友们，这是什么？它有什么用？

2. 观看视频，了解书签的由来及作用。

师：你知道书签是怎么来的吗？它有什么作用？

小结：书签是为了记录阅读进度而夹在书本里的小薄片儿，它标记阅读到什么地方，可以帮助我们快速地找到阅读的位置。

3. 观看PPT，欣赏不同的书签。

师：刚才我们看到有哪些材料做的书签？（木质书签、竹质书签、金属书签、树叶书签、毛线书签、塑料书签等）

4. 制作书签。

幼儿自选材料，制作不一样的书签。

师：请小朋友们选择自己喜欢的材料，制作专属于自己的创意书签吧！（提醒幼儿使用剪刀要注意安全）

5. 学会使用书签做标记。

幼儿阅读图书，阅读时间结束时，请幼儿将书签夹在书本左上角做标记。

（五）科学：记录时间

【活动目标】

1. 能清楚、连贯地讲述幼儿园一天的生活，并学习运用文字、符号、图画等形式记录时间。

2. 通过观察操作，准确区分时针、分针，说出钟面上的整点和半点。

3. 乐意探究钟表上的数字和自己的生活之间的关系，养成珍惜时间、遵守时间的良好习惯。

【活动准备】

1. 经验准备：幼儿已学过整点、半点相关知识。

2. 物资准备：大的钟面一个（能拨动时针和分针）、小时钟；幼儿一日活动的PPT；笔、纸等。

【活动过程】

1. “老狼老狼几点钟”游戏导入。

2. 利用钟面，复习整点和半点。

教师拨时间，幼儿说出相应时间。如：教师将时针拨到1，分针指向12，幼儿回答：1点。

3. 操作巩固认识整点和半点。

（1）游戏：拨一拨。

教师说出时间，幼儿拨出相应的时间。如：教师说1点整，幼儿就在钟表上拨出1点整。

（2）游戏：看图拨时间。

教师出示用数字记录的整点、半点卡，幼儿拨出相应的时间。

4. 出示PPT，学习运用文字、符号、图画等形式记录时间。

（1）幼儿根据照片讲述：这是什么时候？自己在干什么？

（2）幼儿根据照片上的时间，学习用文字、符号等记录下来。

5. 幼儿制作“我的一天”，知道要珍惜时间。

请幼儿用文字、图画及符号等形式进行表征活动，画钟表表示具体时间。

（六）科学：一周有七天

【活动目标】

1. 初步认识星期，知道一星期有七天及星期的排列顺序。

2. 通过探索活动，了解星期的顺序性和周期性，知道一星期中做事要有计划性。

3. 喜欢数学活动，乐意参与各种操作游戏，培养幼儿逆向性思维。

【活动准备】

故事《星期妈妈和孩子们》；挂历；星期卡片。

【活动过程】

1. 故事导入《星期妈妈和孩子们》。

师：小朋友们好，今天老师给大家带来一个精彩的故事，一起听听吧！

2. 认识星期，了解星期的排列顺序。

师：星期妈妈有几个宝贝？他们分别是？

小结：一星期就叫一周，一周有七天，他们的排列顺序就是从星期一开始到星期日结束。

3. 出示挂历，初步了解挂历的内容，巩固认识星期。

（1）了解挂历的内容。

师：这是什么？挂历上有什么？这是哪年的日历？每一块表示一个月，一年共有几个月？这是几月的日历？这个月有几天呢？

（2）认识星期。

师：请你们找一找挂历上的星期，认读星期一到星期日。

（3）火眼金睛。

老师说出挂历上的日期，幼儿说出是星期几？例如：老师说出 × 月 × 日，孩子回答：星期几。

4. 初步了解星期与人们的关系，感知星期排列的有序性。

师：一个星期是怎么样排列的？

星期一、星期二、星期三……星期日，你们在哪儿？干什么？

小结：星期一到星期五是你们上学的时间，这几天你们都会上幼儿园；星期六和星期日是周末时间，这两天你们有的在家休息、有的在学跳舞等各种特长、有的和爸爸妈妈出去游玩……星期一到星期日就是一个星期的周期。

【活动延伸】找邻居

老师出示星期一到星期日的卡片，当老师举起其中的一个星期时，孩子们就要找到该星期的邻居。例如：老师举起星期四的卡片，孩子们则找出它的邻居星期三和星期五。

（七）科学：比较轻重

【活动目标】

1. 发现生活中物体的轻重，激发幼儿学习的兴趣及乐于体验探究的乐趣。

2. 学会用看一看、掂一掂、称一称等多种方法比较物体的重量。

3. 通过操作比较两个物体的轻重，能用记录卡记录比较的结果。

【活动准备】

音乐、天平、操作卡、苹果、石头、黏土、木块、树叶等。

【活动过程】

1.“抱一抱”游戏导入。

幼儿随音乐游戏，当音乐停止时，请两人一组抱在一起。

教师视情况，发现两个体重差别明显的孩子后，引导其他孩子观察并比较。

师：××小朋友和××小朋友，谁重？谁轻？你是怎么知道的？

小结：小朋友们真厉害，一看就知道了××小朋友重，××小朋友轻。

2. 多种材料的探索，目测同种物体的轻重。

（1）幼儿探索大苹果和小苹果的轻重。

（2）幼儿探索大石头和小石头的轻重。

3. 能用多种方法比较物体的轻重。

（1）出示大小相同的石头和黏土，引导幼儿通过掂一掂比较石头和黏土的轻重。

师：老师这里有石头和黏土，请你猜一猜，这石头和黏土哪个轻？哪个重？

小结：石头和黏土看起来差不多，可是比较起来才发现石头重多了，有时候眼睛看到的不一定准确，这时你可以用手掂一掂，这样就可以判断物体的轻重了。

（2）出示托盘天平，老师介绍天平的使用方法，引导通过工具称一称，比较两个物体的轻重。

师：我这里有梨子和苹果，它们看起来差不多，用手掂一掂感觉差不多重，这时，咱们就需要用到测量工具——天平了。把托盘天平放在水平桌面上，把游码拨至零刻线处，天平左右平衡的时候就可以测量了。谁来试一试比较梨子和苹果的轻重？（请个别幼儿操作）

小结：通过天平我们看到苹果那边的托盘沉了下去，这就说明苹果比梨子重，梨子比苹果轻。比较物体的轻重有很多方法，可以用工具称一称。

4. 幼儿分组操作，尝试用多种方法比较物体的轻重，并记录在操作卡上。

（1）师：小朋友们，你们的桌上有很多材料，请你按照操作卡上的要求，比较每一行两种物体的轻重，并在重的物体下面打“√”。

（2）每组推选一名幼儿说出该组的记录结果。

（八）健康：正确的书写姿势

【活动目标】

1. 在写一写、画一画中，体验书写的乐趣。

2. 掌握正确的书写姿势，了解其重要性。

3. 养成良好的书写习惯。

【活动准备】

小朋友的书写姿势图片、笔、各种绘画材料。

【活动过程】

1. 出示图片，了解不正确书写姿势的危害。

师：这些小朋友在干什么？他们写字的姿势正确吗？不正确的姿势对小朋友会有怎样的影响？（幼儿自主发言）

2. 出示图片，了解前书写的正确姿势。

（1）出示坐姿图，了解具体的坐姿要求。

边讲解边示范：头正，身直，稍向前倾；肩平，两臂自然分开；脚放平与肩同宽。

（2）出示握笔姿势图，了解握笔姿势。

根据图片进行小结，如：大拇指和食指末节捏住笔杆，呈圆形或扁圆形，其余三指托住，笔杆向后稍微倾斜，靠在虎口处。

（3）观看图片，了解“三个一”的距离感。

小结：看书时，眼睛距离书本一尺；坐好时，胸离桌子一拳；握笔时，手离笔尖一寸。

3. 实操环节：画一画、写一写。

（1）幼儿自取材料，进行自由创作。

（2）教师强调坐姿及握笔姿势，进行巡回视察与个别指导。

（九）语言：握笔歌

【活动目标】

1. 乐意进行握笔训练，感受学习的快乐。

2. 能按节奏流畅地朗读儿歌，准确地讲述正确握笔姿势，理解词义“缝隙”“自然”“虚尖”。

3. 学习正确的坐姿和握笔姿势，养成良好的用笔习惯。

【活动准备】

纸、铅笔、水彩笔若干；有正确及错误提示的对比握笔图；《握笔歌》视听材料。

【活动过程】

1. 回顾导入。

上一次我们学习了正确的握笔姿势，但还是有很多小朋友的握笔姿势不对，有哪一位小朋友能说一说正确的握笔姿势吗？（引导幼儿清楚流畅地讲述）

2. 比一比握笔姿势。

幼儿相互检验正确的握笔姿势。

3. 学习儿歌《握笔歌》。

（1）播放《握笔歌》课件，完整欣赏儿歌。

（2）理解《握笔歌》内容，学习朗读。

师：刚才儿歌里告诉我们应该怎样握笔？食指拇指怎么做？（引导幼儿朗读儿歌句子："食指拇指捏住笔，一高一低留缝隙。"重点理解"缝隙"的词义）

中指、无名指、小指是怎么做的？（引导幼儿朗读儿歌句子："中指下面来托起，末尾两指自然卷。"重点理解"自然"的词义）

笔杆靠在什么地方？（引导幼儿朗读儿歌句子："笔杆靠在食指根，指实掌虚腕用力。"重点理解"虚"和"实"的词义）

（3）幼儿跟老师一边朗诵儿歌，一边做手指游戏。

（4）幼儿拿出笔一边操作，一边朗诵。

（十）生活：有趣的签到

【活动目标】

1. 养成早睡早起、按时来园的生活习惯。

2. 通过签到的方式书写姓名、时间、日期。

3. 巩固对时钟的认识，有一定的时间观念。

【活动准备】

幼儿签到表、笔、挂钟、电子数字钟。

【活动过程】

1. 晨间签到。

幼儿准确认读挂钟或电子数字钟，在签到表上写下自己的姓名、日期和入园时间。教师关注不同幼儿对钟表的认识水平，适时给予引导。

2. 入园统计。

月末，幼儿自主统计各自来园次数，迟到次数，教师给予全勤宝宝、按时入园宝宝一定的鼓励。

3. 设计签到任务。

在幼儿签到环节中可适当地增加一些与本月教学主题相关的小任务，幼儿在签到后或早餐后完成。

（十一）区域：我的一日计划

【活动目标】

1. 了解制订一日计划的重要性，学会合理安排自己的一日生活，养成良好的生活习惯。

2. 体验按计划完成各项活动的快乐，感受坚持带来的成就感。

【活动准备】

1. 物质材料准备：纸、笔（水彩笔或铅笔）。

2. 知识经验准备：幼儿熟悉一日生活流程；认识时钟的整点或半点。

【活动过程】

1. 回顾导入。

引导幼儿回顾幼儿园的一日生活流程。

2. 交流讨论制订一日生活计划的方法。

师：一日活动计划中包含具体的时间段和每个时间段自己要做的事情。我们要写清楚几点到几点做什么，制订计划的时候要注意劳逸结合，动静交替。

3. 幼儿制订一日生活计划。

教师关注幼儿每个环节对应的时间节点是否合理。

4. 分享计划并讨论坚持实施计划的方法。

教师适时引导幼儿给完成的每项活动打“√”或贴纸，培养幼儿的坚持性。

（十二）家园共育：倾听习惯小调查

【活动目标】

良好的倾听习惯是孩子升入小学的必备能力。为进一步培养大班幼儿专注性倾听、辨析性倾听及理解性倾听的能力，促进家园有计划、有目的、科学地做好幼儿倾听习惯养成的支持与引导，怀化市幼儿园大班组拟从“家长眼中的孩子”和“孩子眼中的自己”两个维度，了解幼儿倾听现状，借助绘本帮助家长和幼儿懂得倾听的重要性，鼓励家长做到倾听、包容和理解孩子内心的真实想法，故开展此活动。

【活动准备】

“幼儿倾听习惯调查与记录表”每个家庭人手一份；绘本《你在听我说话吗？》。

【活动过程】

1. 介绍“幼儿倾听习惯调查与记录表”的记录要求。

家长抽出20—30分钟的时间陪伴幼儿一起完成，在这个过程中家长要充当小老师，将调查的内容表述给幼儿听，幼儿和家长分别记录“家长眼中的孩子”和“孩子眼中的自己”。

2. 教师讲绘本故事，幼儿练习倾听。

教师讲述故事《你在听我说话吗？》，请小朋友们听完后完成“绘本倾听记录表”，引导幼儿迁移经验，学会倾听。

3. 亲子交流环节。

彼此交流自己的记录内容，分享自己对绘本的理解和感受。

小结：学会倾听，养成良好的倾听习惯，能获取知识，培养能力。

（十三）倾听游戏：找数字

【活动目标】

1. 感受倾听游戏带来的挑战和乐趣，养成专注倾听的好习惯。

2. 能根据指令快速找到数字，做出相应反应。

【活动准备】

画有0—20数字的白色卡纸，数字顺序随机排列。

【活动过程】

1. 听单个数字。

两人游戏，其中一人说出单个数字，说到哪个数字，对方就迅速反应拍击哪个数字。

2. 听多个数字。

两人游戏，其中一人说多个数字，对方按照听到的数字顺序，迅速连续拍击数字卡片。

3. 左右手协调。

两人游戏，一人以“左手拍8、右手拍10”的句式说出挑战要求，孩子迅速以听到的指令内容分别以左右手完成拍击任务。

4. 听到的数字+1。

两人游戏，一人随机说出数字，对方将听到的数字加上1后，拍击答案数字。

（十四）倾听游戏：正听反说

【活动目标】

1. 认真倾听教师所说的词语或数字，并快速进行转换，反着说出来。

2. 锻炼幼儿的听觉转换能力和反应能力。

【活动过程】

1. 教师说两个字的词语或两位数，让孩子反着说。如教师说“大象”，孩子说“象大”；教师说“12”，幼儿说“21”。

2. 教师说三个字或三位数，让幼儿反着说。如教师说“雨真大”，幼儿说“大真雨”；教师说“130”，幼儿说“031”。

游戏可根据幼儿听觉转换能力逐步增加难度，也可由教师正说过渡到幼儿正说。

第五章

家园校三位一体促幼小衔接

幼小衔接离不开家、园、校协同合作，我们将幼儿园教育思想与幼小科学衔接的融会贯通，充分整合多方教育资源，以家园携手共育和幼小联合共促为抓手，积极探索与儿童共生共长、彼此成就的幼小科学衔接路径，形成三位一体的教育合力，构建幼小科学衔接的绿色教育生态。

第一节　家园携手共育

家长是孩子一生的导师，更是幼儿园重要的教育资源。目前怀化市幼儿园的家长大多为80后、90后，他们拥有较高的学历，不仅重视家庭教育，还很有自己的见解。但是，大部分家长对幼小衔接教育的理解还存在许多误区。尤其在祖辈传统教育观念和个别培训机构“饥饿营销”的影响下，家长往往既想让孩子拥有快乐童年，又想让孩子提前“抢跑”，最终选择给孩子报“幼小衔接班”，出现揠苗助长等盲目从众行为。

为了在幼小衔接中赢得家长的支持和配合，营造和谐一致的教育环境，我们推出了“学—悟—践—达”父母成长路径，积极开展形式多样的家园共育活动，力求使家长在知晓政策和理论、体验幼儿园课程、参与教研的过程中，理解儿童身心发展特点和学习规律，真正成为爱孩子、懂孩子、支持孩子的好父母，最终达到家园携手共育，协同科学衔接的目的。

一、学——学懂弄通，同频共振

要想在幼小科学衔接之路上事半功倍，必须有的放矢。只有读懂弄通相关政策文件，才能少走弯路。为了让家长们深入了解国家相关文件精神，我们积极开辟形式多样的幼小科学衔接宣传阵地，传递先进理念。通过橱窗海报、微信公众号、家长学校讲座、家长沙龙、《阳光市幼》园报专刊专版等多种形式，定期向家长宣传《3—6岁儿童学习与发展指南》《幼儿园入学准备教育指导要点》等幼小科学衔接相关文件及幼儿园的实践成果，通过宣传，越来越多的家长对于幼小衔接“衔”什么、怎么“接”有了新的认识。

1. 家长口袋书

精心编制家长口袋书（图5-1-1），引导家长学习《3—6岁儿童学习与发展指南》及《幼儿园入学准备教育指导要点》，宣传科学的家庭教育理念，提高父母的教育素养，共建幼小科学衔接的教育生态，护航孩子健康成长。

图5-1-1　发放家长口袋书

通过学习，家长了解了国家基本的方针政策和教育理论，自觉助力幼小衔接，并撰写心得体会相互交流。

“三童”教育视角下的最美遇见

小一班　张乐萱妈妈

遇见，让人颇感欣喜；最美遇见，又让人心里平添了一份温暖和期待。而这次我所说的最美遇见，是一种教育思想对自己的启迪，它将引领着我—— 一位母亲，更清晰、更自信地融入孩子的成长中。

上周五下班，我刚回到家，萱萱已经迫不及待地跑到门口，小手把一本小册子扬得高高的，兴奋地说：“妈妈，你看，我的幼儿园发新书了，是要妈妈看的。”在女儿的热情“命令”下，我细细看了起来。

单看读本设计，就感到了市幼的用心。不仅印有《教育部关于大力推进幼儿园与小学科学衔接的指导意见》（以下简称《指导意见》）全文，而且将市幼的办学理念和亮点也做了精练的阐释。我感受最深的就是市幼的“三童”教育思想与《指导意见》的宗旨完全契合。科学的幼小衔接就是要做好四个准备，即身体准备、生活准备、社会准备、学习准备。而市幼一直秉承的“激童趣、养童心、卫童年”的“三童”教育思想，正是在遵循3—6岁孩子特有的身心发展规律的前提下，帮助孩子在身体发育、学习兴趣、自理生活、个性品质等方面都得到良好发展，从而顺利实现学前向小学的过渡。

可要做好这件事，绝不是家庭一方面可以单独胜任的，也不是幼儿园一方面能单独胜任的，必须要两方面共同合作才能发挥强大功效。因为家庭教育具有情感性，父母易受感情支配走入误区。幼儿园教师则能用更专业的保教知识和专业素养，更加客观地看待每一个孩子，更科学、更有针对性地帮助每个孩子快乐健康成长。

是的，这就是最美遇见。市幼将在科学的“三童”教育思想指导下，很好地贯彻落实《指导意见》。我们家长也始终相信，孩子们一定会在市幼这个“放飞希望的乐园”里幸福成长，开心地遇见那个最美的“小学生”自己！

在“三童”教育理念中回归最好童年

小三班　李蕊兮妈妈

我翻开这本册子，在扉页就看到了“激童趣、养童心、卫童年”的“三童”教育理念阐述，附件中进一步从发展目标、具体表现、教育建议三个方面，展开叙述幼儿园入学准备教育和小学入学适应教育双向奔赴的指导要点，内容全面且字字珠玑，这无疑给我这样的焦虑家长提供了一盏指路明灯。“焦虑”现在似乎是当今社会普遍状态，贯穿社会、家庭以及个人，之前热播的电视剧《小舍得》讲述的就是中国当代教育焦虑，在社会中引起了极大的反响。我不禁问自己：“面对焦虑我该怎么做呢？”

通过阅读册子我知道幼儿园和小学从教育体制上虽同属基础教育，但教育内容和形式、教学要求和方法、生活作息等方面，却存在较大差异。这时候就出现了从幼儿园到小学的断层，尤其是学习方式的断层。主要体现在从幼儿园的学习生活是一种以游戏为主要活动形式的学习，到小学以课本知识为主的抽象知识学习，这种断层会让小中班的家长产生焦虑。焦虑孩子入小学以后，老师教得很快孩子能不能跟上？焦虑我的孩子到小学知识储备够不够？焦虑幼小衔接到底该如何选择？大班家长更加着急！着急为什么自己的孩子学得这么慢？着急为什么孩子的字总写不好？着急为什么孩子连加减算术都不知道？于是乎就出现了找家教，让幼儿逃离幼儿园送到学前补习班、幼小衔接班等去提前学习小学学科知识的做法。家长的焦虑着急都会使孩子感到不知所措、迷茫，容易在开学初期感到疲劳，甚至还未读小学就产生厌学情绪。更多家长把所有目光聚焦到被神化的拼音算术上，而忽略了这个年龄阶段孩子应该获取什么样的能力，指导意见充分体现了孩子在适宜的年龄做适宜的事，让幼儿在入园前享受幼儿园合理化的科学教育，才是支撑他未来终身可持续发展的不竭动力。我们不能唯分数论，试想一下，一个长期被家长牵着走，长期靠牺牲休息时间学习而获得的高分这种短暂的功利性教育，孩子将来会有怎样的核心竞争力？如果说这个地方的风景已经欣赏过很多遍了，要你再去看的时候你还会有兴趣吗？其实在学习习惯的培养上，也是如此。孩子们的学习力、接受力各不相同，我们家长应该根据孩子自身的学习特点和耐受性，逐渐让他感受到学习是一件愉快的事情，自己能够做好。学习动机往往比强压更加重要，也能大大提高孩子的自我效能感，受益终身。

2. 新生见面会

幼小衔接不应仅仅是大班的工作，而应该贯穿幼儿在园三年的全过程。为了让小班新生更好地适应幼儿园集体生活，让家长更加全面了解幼儿园的办园理念，树立正确的幼小衔接观念，每年9月，幼儿园会如期开展新生见面会。

×××年秋季新生家长会方案

主题：“相亲相爱一家人”

时间：×××年×月×日

地点：大厅

目标：

1. 通过互动游戏，增进家园联系，形成家园合力。

2. 让新生家长详细了解幼儿园基本情况、办园理念、教师队伍及校园文化。

3. 帮助新生家长树立科学的育儿观，达成教育共识。

准备：

1. 布置大厅（按班级划分家长就座区域，摆放座位；班牌放在相应区域；提前调试多媒体设备）。负责人：××

2. 食堂提供热饮及甜品。负责人：××

3. 会议PPT。负责人：××

4. 布置欢迎台。负责人：××

主持人：××

活动流程：

一、主持人介绍幼儿园领导团队

二、班级风采展示

1. 班级介绍。

2. 班级口号。

如：小一小一，齐心协力；小一小一，快乐第一。

3. 教师承诺。

我们承诺：

每一位孩子都是我们的小天使，我们将用眼睛与心灵去关注和爱每一位孩子，为我们的宝宝撑起一片爱的绿荫！我们愿做春天的细雨，夏日的凉风，秋日的晴空，冬日的阳光，让孩子们茁壮成长。永远用欣赏的眼光看孩子，永远用宽容的心态面对孩子。用眼去看孩子的世界，用心去听孩子的世界。走进孩子的心灵和他们共同生活，共同游戏，做他们的好朋友，好“妈妈”。陪伴他们度过成长中的每一份喜悦和忧愁。不纵容、不急躁。每天与他们沟通，每天与他们交谈，用爱的目光注视孩子；用爱的微笑面对孩子；用爱的心情倾听孩子；用爱的眼睛发现孩子；用爱的渴望调动孩子；用爱的细节感染孩子；用爱的语言鼓励孩子；用爱的管教约束孩子；用爱的胸怀包容孩子；把爱的机会还给孩子。无论工作再忙、再累、再烦，也不要忘记把开心的微笑送给孩子，凝视他的眼睛。告诉他：“今天你棒极了！”

宣誓人：×××

三、破冰互动，活跃气氛

游戏一：快乐传真

玩法：参与者事先背对观众，不能够转身或偷看题目，然后主持人或裁判将游戏题目给观众们看。游戏开始后，每组的第一位参与者能够转身观看题目，其他参与者还是背对观众。第一位参与者要通过肢体动作向第二位参与者表达刚刚看到的题目，在这个传递过程中所有人都不能够说话，参与者通过肢体动作来表达题目，以此类推直至最后一位参与者。

游戏二：心有千千结

玩法：所有人围成一个圆，在节奏感较强的背景音乐中，大家放开手，随意走动，音乐一停，脚步即停。找到原来左右手相握的人分别握住。小组中所有参与者的手都彼此相握，形成了一个错综复杂的“手链”。在节奏舒缓的背景音乐中，主持人要求大家在手不松开的情况下，用各种方法，如跨、钻、套、转等，将交错的“手链”解成一个大圆圈（图5–1–2）。

图5–1–2　家长破冰游戏

四、家长代表发言

提前和家长代表做好沟通，根据活动主题准备好发言稿。

五、家长宣誓

从此刻起：我要多鼓励、赞美孩子，而不是批评、指责、埋怨孩子；我要用行动去影响孩子，而不是用言语去说教孩子；我要学会蹲下来与孩子平等沟通，而不是居高临下地指使孩子；我要用心去陪伴孩子，而不是心不在焉地敷衍孩子；我要控制自己的情绪，和孩子一起安静和平地处理好每一个当下；我要积极主动地处理好与爱人的关系，创造一个和谐的家庭环境，绝不让夫妻矛盾影响和伤害到孩子；我要成为孩子生命中最好的朋友，最亲密的伙伴，最慈爱的爸爸（妈妈）。我是最优秀的、最棒的父（母）亲：我要和我的孩子一起学习成长，帮助他（她）充分树立起自信，保持良好的心态，让他在人生的长河中自信自强，脚踏实地，一步步迈入人生成功的殿堂。

宣誓人：×××

六、园长介绍幼儿园办园理念，帮助家长树立正确育儿观和幼小衔接理念。

七、园长介绍幼儿园课程安排和特色活动，让家长深入了解幼儿园。

家长参加新生家长见面会后，一改以往对幼儿园教育的固定思维，纷纷对于幼儿园科学的幼小衔接工作表示赞同和支持。

小一班彤彤妈妈：新生家长会让我们看到了奋发向上的园领导班子，也看

到了一群年轻、可爱、充满活力的老师。在全体老师宣读教师承诺时，我们仿佛看到了老师对孩子细心的照顾和呵护，陪伴我们的孩子度过成长中的很多欢乐时光。感谢市幼组织的这次家长会，让我们更觉得送孩子来市幼是非常正确的选择，我相信孩子将在这里度过欢乐的三年时光，也会非常顺利地完成幼小衔接的过渡，做好准备踏入小学校园。感谢老师的细心照顾，我们家长将全力配合老师工作，共同努力让孩子健康快乐地成长。

小二班玉儿爸爸：感谢这次家长会，为我们打开一扇了解幼儿园的窗口。说句老实话，一直知道怀化市幼儿园好，对它的了解却远远不够，这次家长会将怀化市幼儿园全面深入地展示在我们面前，如此近距离接触到科学有爱的理念、宽严相济的管理、活力细致的老师，尤其是在小班就开始科学推进幼小衔接工作，真是让我很感动。

小三班可可妈妈：家长会上，我第一次听见了老师们的心声：静待每颗种子生根、发芽、开花、结果。那一刻，我的内心深处是震撼的，听惯了老师说“孩子们需要的是爱与自由”，抑或是一手是爱，一手是规则，但或许，我比其他的家长都要更“严苛”一点，我一直翘首以盼的是老师能够像我一样给予孩子真正的敬畏。家长会后，我带着对市幼教育理念的认同感，一直在反思着如何配合老师做好“家园共育”的工作，如园长所言，家长是孩子第一位也是终身的老师，“父母”这两个字不仅仅是一个名字，更是一种任重道远的责任。

3. 家长学校

怀化市幼儿园从入学身心准备、社会准备、生活准备、学习准备四个方面入手，定期开展多种家长学校活动，进一步关注、关爱幼儿健康成长，帮助幼儿做好入学四大准备，提高家长教育水平（图5–1–3）。

图5–1–3　线上线下幼小衔接专题讲座

二、悟——知行合一，以知促行

有研究提出成年人学习70/20/10原则：成年人70%的知识经验是在实践中习得的，20%的知识经验是向有经验者学习而取得的，10%的知识经验是通过培训听课而习得的。想要让家长真正理解和运用宣传册上的幼小科学衔接理论，我们创设了大量的体验机会，让家长真正走近孩子，走进幼儿园。在体验童趣游戏和童乐课程的过程中，家长们尘封已久的童心被唤醒。

1. 体验式家长会

老师和孩子们一起讨论商量、共同策划班级家长会，为爸爸妈妈亲手设计“幸福水瓶”。通过公众号播放孩子们录制的体验式家长会邀请函视频。体验式家长会体现了老师和孩子们的用心用情，也让家长树立了正确的幼小科学衔接教育观。

×××年春季家长会方案

主题：春暖花开共奔赴、砥砺前行话成长

时间：×××年×月×日

地点：各班教室

目的：

1. 通过“孩子”的桥梁角色，真正拉近家园之间的距离。

2. 通过师幼共同参与设计会议流程、场地布置，让家长切身感受市幼“三童”教育理念。

3. 通过问题的抛出及教师的答疑解惑，为家长提供科学育儿的策略。

准备：

1. 聚焦儿童视角，做好图片与视频记录。（小班视频《幼儿成长记录》；中班视频《你心中的家长会》；大班视频《我心中的小学》）

2. 撰写家长会计划，制作班级情况PPT，根据本班情况制定家长会流程。

3. 提前召开班组会议，安排班组成员分工协作。

4. 签到台设计，让孩子参与家长会班级布置。

5. 提前通过微信群及电子邮件等方式向家长发“怀化市幼儿园家长会邀请函”。

6.食堂提供热饮及甜品。

活动流程：

一、家长签到，班级教师接待家长

1. 家长找到孩子自己设计的水瓶，有序签到并找到相应的位置。

2. 观看视频：小班视频《幼儿成长记录》；中班视频《你心中的家长会》；大班视频《我心中的小学》。

二、视频讲座，树立科学育儿观念（15分钟左右）

家长观看园长视频讲座，教师视情况与家长互动，检验学习效果。

三、破冰游戏，拉近彼此之间距离（5分钟）

四、班级分析，细致了解幼儿发展情况（3—5分钟）

五、体验活动，达成协同教育共识（20—30分钟）

按照小、中、大年龄特点，设置不同话题，采取角色扮演、案例分析等方式共话教育。

小班：如何在幼小衔接中培养孩子良好的生活习惯。

中班：如何在幼小衔接中培养孩子良好的社会交往能力。

大班：如何在幼小衔接中培养孩子良好的学习品质。

六、介绍幼儿园课程和本学期重大活动（5分钟）

七、家园共育、相互配合（5分钟）

1. 本班需要家长配合的其他事项。

2. 个别交流。

家长会相关活动照片参照图5-1-4。

图5-1-4　体验式家长会

2. 体验游戏课程

对于游戏课程的价值，家长们处于半信半疑的状态，我们打开园门，让家长回归童年，沉浸在游戏体验的喜悦中，在亲身感知中发现游戏的魅力，在身临其境中发现游戏课程的意义和价值，共同寻找那份最初的美好，了解适合孩子的教育才是最好的教育。

亲历游戏　共同成长

——游戏课程家长体验日活动方案

家庭是幼儿园的重要合作伙伴，幼儿园开展户外自主游戏活动需要家长的支持和理解。要实现高质量的幼儿教育，促进幼儿健康和谐发展，需要家庭、幼儿园这两大教育环境发挥各自优势，形成合力。为了提高家长对自主游戏的认知，让家长更好地理解自主游戏、达成教育共识，我园特制定游戏课程家长体验日活动方案，具体内容如下：

目标：

1. 通过家长体验活动让家长了解安吉游戏的理念和价值。

2. 进一步增进家园间的联系和交流，听取家长的意见。

时间：×××年×月×日

地点：幼儿园大厅

准备：活动签到表、PPT、邀请函、录像

参加人员：家长代表

活动流程：

1. 破冰游戏“风吹草动”，拉近家长之间情感距离，建立家园信任关系。

玩法：8人为一组，两组同时进行。圈上的每个人扮作“风”，指定一个人站在圈中扮演“草”。游戏开始前，圈上每位家长做弓步，双手屈肘，手心朝圈内。随意邀请一位家长在圈中扮演“草”，双拳抱胸前，紧闭双目，双脚并拢，放松全身。圈上扮演“风”的家长们用双手稳稳托住当“草”的家长，按顺时针方向传送给下一位扮“风”的家长，看哪一组最先完成。

2. 参观幼儿园户外游戏区和材料。

3. 家长亲身体验，感受户外自主游戏的快乐和教育价值（图5-1-5）。

家长按照意愿分成三组进行游戏体验。

4. 游戏后家长用纸笔记录自己的游戏故事。

每一桌准备一些纸笔，让家长们通过记录自己游戏故事的方式，体验各环节中的教育价值。

5. 说一说体验的感受。

让家长谈谈本次参与户外自主游戏体验的收获和感受。

图5-1-5　家长自主游戏体验

3. 家长开放日

组织丰富的家长主题开放日活动，让家长走进校园，走近孩子的一日生活，从生活自理、身体健康、社会交往和学习品质四方面了解孩子们的发展情况。在增进家园沟通的同时，展示幼小科学衔接实践研究的成果，有效促进家园合作，形成幼小科学协同衔接的良好局面（图5-1-6）。

作品展示区

中 七 班 新 联 会

图5-1-6　家长开放日

三、践——学以致用，研精覃思

要真正实现家园共育，幼儿园仅在“云端起舞”是远远不够的。幼儿园应该走进家庭，成为家长的朋友，将正确的教育观、儿童观传递给家长，使其真正理解幼小科学衔接的意义，才能在幼小衔接之路上与幼儿园携手同行。

1. 家园共研

教育家苏霍姆林斯基曾把教育科研喻为“幸福之路”，对于渴求探寻童年秘密的父母和教师来说，家园共研是一段可以携手而行的快乐旅途。为了让家长能近距离、直观且动态地了解怀化市幼儿园在幼小科学衔接方面所做的努力，我们邀请了一批有想法、有精力的家长朋友参与到怀化市幼儿园教科研当中。他们有的成了“问卷调查员”和“数据分析员”，有的走进幼儿园一日活动，成为“儿童观察者”，有的带着问题走进了研讨工作坊，成为“问题探究者”。在此过程中，家长和教师始终围绕着有关孩子幼小衔接的话题，剖析问题、分析原因，寻找专业的理念支撑，寻求解决问题的方法与策略。参与教研活动的家长纷纷表示，这样“接地气”的教研活动让自己真正领悟了学前教育的专业概念，掌握了科学的育儿方法，以后遇到类似问题也能轻松解决。

为了进一步与大班家长达成共识，幼儿园组织大班组教师和家长代表针对“如何开展家长工作”进行研讨，为支持孩子顺利过渡做好充分的准备（图5-1-7）。

图5–1–7　家园共研精彩预告

“大班家长工作的途径和方法”教研方案

随着社会的不断发展，幼儿园必须坚持正确的教育价值观，并逐步引导家长走在正确的教育道路上。大班幼儿即将升入小学，教师需要针对不同家庭提供各种家园共育的方法和途径，巧妙利用家长资源，为幼儿顺利进入小学提供支持。

活动目标：

1. 了解家长关于“幼小衔接”的教育观念及实际需求。

2. 探讨大班家长工作的多种实施途径及具体方法，提高教师专业性和指导水平。

活动时间：×××年×月×日

活动地点：备课室

参与人员：大班组全体教师、家长代表

活动准备：

1. 提前发放大班家长调查问卷，并整理好数据。

2. PPT、记录纸笔。

活动内容：

一、公布家长问卷调查结果

二、梳理家长工作存在的问题

1. 社会层面：应试教育，择优择校；培训机构推波助澜。

2. 家长层面：情绪焦虑，超前教育；重视知识，忽视能力。

3. 教师层面：缺乏专业培训；缺乏多元视角。

三、教师和家长代表发言（分析问题产生的原因）

四、分组探讨家长工作的途径和方法

第一组：集体型家长工作

讨论：面向全班集体的家长工作如何开展？

第二组：个性型家长工作

讨论：面向个别家长工作如何开展？

第三组：特色型家长工作

讨论：如何创新班级家长工作？

五、制定开展家长工作的时间轴

根据每天、每周、每月家长工作的重点和方式方法，细化工作流程，用“常规+创新”的模式进一步做好家长工作。

2. 个性化家庭教育指导（图5-1-8）

图5-1-8 个性化家教指导

教育是鞋，孩子是脚，教育应该是私人定制的。为了能更好地帮助家长有效解决家庭教育过程中遇到的问题，助力家庭培养人格与习惯、个性与能力协调发展的孩子，我们开启“一对一个性化家庭教育指导”活动。

【案例一】

诚诚，4岁5个月，在集体活动中常常表现出“坐不住”，喜欢发出声响甚至离席游走，属于典型、显性的专注力不足，孩子专注力不足的背后是怎样的家庭教育模式？带着问题教师开始了诚诚的家庭教育指导。

在孩子不知情的情况下，教师请诚诚妈妈录制了一段孩子在家活动的视频。视频中教师看到诚诚的家庭在环境设置上有很大的问题：由于没有专属的区域，诚诚的玩具和书散落满屋；孩子绘画是在电视机前的茶几上完成的，孩子一会儿画画，一会儿抬头看几眼电视；诚诚的奶奶在经过孩子身边时还会时常提醒孩子头抬高、别脱鞋，20分钟的视频中，家庭成员有意无意打断孩子9次。通过观察和分析，我们决定在第一次家庭教育指导中，首先针对环境对专注力的影响进行反馈。反馈见表5-1-1。

表5-1-1　对环境对专注力的影响进行反馈

观察	分析	策略
1.幼儿游戏、绘画没有固定的区域，孩子在茶几上绘画、玩玩具，茶几对面的电视播放着卡通片	不利于儿童建立规则意识和树立归属感，干扰因素过多，容易分散幼儿注意力，没有定性	在房间安静的一角设立专门的幼儿“游戏桌”，自然采光，不与他人共用也不做其他用途，仅供孩子专注进行桌面游戏
2.不同功能的玩具摆放散乱，玩具随处可见：沙发3个、茶几5个、地板3个、床上2个、墙角6—10个	无规则的摆放习惯无形中破坏了孩子的秩序感，“见一个玩一个”，易养成无序、无毅力等不良习惯	在玩具桌旁提供易于收拾的筐子，便于将不用的玩具收好，避免孩子在活动中被过多干扰因素影响
3.家庭成员干扰9次：奶奶5次（与孩子交谈4次，路过1次）；妈妈3次（喂水1次，做高分贝动作1次，招呼孩子叫刚回家的爸爸1次）；爸爸1次（与孩子交谈1次）	“直升机式”的互动模式会人为破坏幼儿注意力，久而久之造成幼儿专注能力欠缺	家庭成员达成共识，在孩子专注活动时，非必要不要干扰和打断

通过第一次沟通指导，诚诚的父母在感叹教师观察分析专业的同时，也意识到了家庭环境设置存在的问题，他们很快进行了调整。坚持了一段时间后，诚诚父母向老师反馈：诚诚表现出喜欢待在自己的“游戏桌”前，“四处游走”的现象减少，尽管收拾玩具的时间断断续续，但与之前相比进步显著。

【案例二】

康康，4岁8个月，能安静玩游戏或参加集体活动，但专注力持续时间相对较短，父母担心孩子注意力有障碍，向老师求助。教师请家长录制了孩子在家看书的视频，并加以分析。分析结果如表5-1-2。

表5-1-2　孩子在家看书的分析

观察	分析	策略
1.爸爸陪康康在沙发上看绘本，康康2次要求正在看手机信息的爸爸读绘本，爸爸用“嗯”的声音回答后收起了手机，开始朗读绘本	一边陪伴孩子一边使用手机，为孩子树立了“三心二意”的反面榜样	暂时放下手中的工作，每天固定时间全身心投入地陪伴孩子
2.朗读结束后，康康和爸爸聊起了绘本里的情节，其间康康提问11次，爸爸只回答了封闭式答案，即“是/不是”或“这是××”	孩子的问题蕴含了很多亮点，抓住亮点就是开启孩子专注力的契机	对于孩子的问题可以进行开放式回应。例如“你觉得呢？”“为什么？”
3.康康要求爸爸再读一个故事，爸爸毫不犹豫地再一次朗读绘本，如此反复了2次	孩子再次要求“朗读”，反馈出孩子内心对与父亲互动的渴望	父亲应该及时对孩子的表现给予正面肯定，同时，可以鼓励孩子自己讲故事给爸爸听，爸爸应该以身示范，专注倾听
4.在倾听故事期间，孩子多次出现非显性的静态专注力不足行为：扯衣角3次、张望玩具箱4次、啃咬手指4次等现象	隐性静态专注力行为的出现表明孩子极力想参与阅读活动，但爸爸的阅读方式不够吸引	调整阅读方式，先让孩子观察绘本，引导其根据兴趣点进行讨论（注意运用谈话技巧，多运用开放式问题），再共读绘本，就关键情节进行提问

通过沟通指导，家长在阅读中试着全身心地投入，并尝试调整策略进行互动，在后期的观察视频中可以看到康康在阅读中专注力的集中性、分配性和转移性表现都明显提高。

3. 共育打卡

为了帮助孩子建立良好的阅读习惯，幼儿园应与家长携手打造浓厚的阅读氛围。除了在幼儿园设立阅读室、读书角，开展书香阅读节活动之外，幼儿园推出“小书虫养成计划”。巧用信息技术，与家长携手云端，在公众号中建立亲子阅读书库，投送丰富的阅读资源。同时，为孩子推出阅读存折，鼓励孩子们在温馨的亲子共读中真正爱上读书（图5-1-9）。

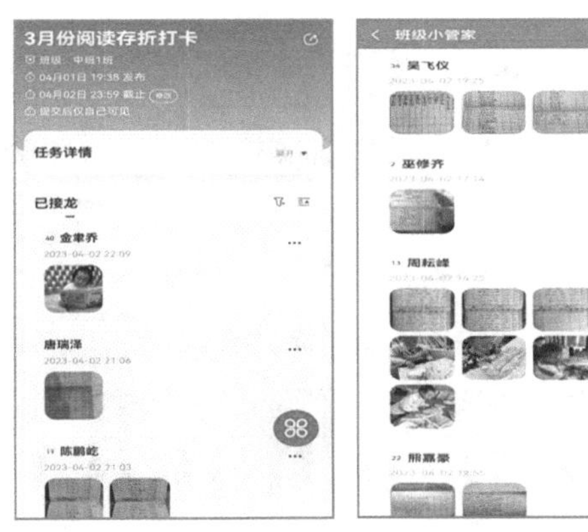

图5-1-9　阅读存折打卡

四、达——学无前后，达者为师

在过去的三年里，我们不断尝试幼小科学衔接的家园携手共育之路，以多措并举不断推动家长理念转变，倡导家长成为陪伴幼儿顺利幼小过渡的良师益友。据统计，2020年到2023年，怀化市幼儿园中班升大班转学率从0.32%降至0.14%，除个别由于家庭原因转学外，很少再有家长带着孩子转学去有拼音课程的幼儿园上学了。

从一开始要求幼儿园教拼音，到加入科学育儿的生力军，家长们完成了从“知道”到“做到”的蜕变。其中，很多家长在自己的工作领域也是独占鳌头的佼佼者。为了有效利用优质的家长资源，充分发挥家园协同共育的效能，怀化市幼儿园倡导家长积极加入“家长帮帮团”，为幼小科学衔接助力（图5-1-10—图5-1-13）。

图5-1-10　“经验帮帮团”——优秀家长分享幼小科学衔接教育经验

图5-1-11 “爸爸帮帮团”——陪伴孩子身心健康成长

图5-1-12 “故事帮帮团”——定期为孩子们表演话剧、讲故事

图5-1-13 “助教帮帮团”——带孩子们体验不一样的社会实践

第二节　幼小牵手共促

《教育部关于大力推进幼儿园与小学科学衔接的指导意见》（教基〔2021〕4号）中的基本原则强调："坚持双向衔接。强化衔接意识，幼儿园与小学协同合作，科学做好入学准备和入学适应，促进儿童顺利过渡。"2021年，我们成功申报湖南省幼小科学衔接试点园，与区域内主要小学牵手，成立"幼小衔接工作室"。幼儿园和小学老师打破壁垒，开展一对一牵手结对活动，共同打造学研共同体。两个学段的教师进入相互领域参与教研，聚焦入学准备和入学适应实践中的突出问题，通过听讲座、观活动、看环境，增进彼此了解，同时在儿童发展、课程建设、教育教学等方面相互研究交流，形成幼小衔接教研同盟，实现了园校之间的"同计划、同培训、同教研"，帮助儿童顺利从幼儿园平稳过渡到小学。

一、双边培训研讨

幼儿园与小学是两个不同的阶段，从幼儿园到小学，标志着一个新阶段的开始，为深入推进幼儿园与小学科学有效的衔接，科学减缓幼升小的坡度，帮助幼儿顺利实现从幼儿园到小学的过渡，幼儿园有针对性地从身心、生活、社会和学习等方面入手，与小学通过线上与线下相结合的方式开展培训研讨活动。

（一）牵手结对

"凡事预则立，不预则废"，为了确保幼小衔接协同合作的效果，幼儿园与小学积极沟通，启动牵手结对活动并积极开展培训，为幼小两学段教师的双向奔赴保驾护航。

幼小衔接双边衔接启动仪式暨培训活动方案

一、指导思想

随着学前教育的发展，国家教育部颁布的多个学前教育纲领性文件中，都提到要加强幼小衔接工作，去除幼儿园“小学化”倾向，小学坚持“零起点”教育，推动幼小科学衔接，平稳过渡。本次培训遵循教师教育理论与规律，适应幼小教师的学习特点与要求，发挥教师学习的主动性，以“学员中心、结果导向、持续改进”为培训理念，以“系统设计、精细管理、全程督导”为管理理念，以“基于学员行为改变和能力提升的‘学研做一体’培训”为培训模式，提升幼儿园教师、小学教师的科学教育理念，双边互动实现幼小科学衔接。

二、培训主题

双边互动，实现幼小科学衔接。

三、培训目标

1. 树立科学教育理念，全面推进幼儿园科学保教和小学“零起点”教学，坚决纠正幼儿园“小学化”倾向，实现从幼儿园到小学两个不同学段教育的平稳过渡，落实立德树人根本任务，遵循幼儿身心发展规律，树立科学保教理念，把握基础教育正确发展方向。

2. 了解幼小的不同特征，准确把握幼小两个不同学段的教育要求和教学特点，开展多种形式的交流活动和衔接活动，建立对儿童发展水平的合理期望，推动幼儿园、小学低年级在环境创设、活动内容、教育方式等方面的改革，双边互动实现幼小科学衔接。

3. 通过教研互动，了解、分析“幼小衔接”现状，找到幼小衔接存在的问题，并针对问题寻找解决的策略和途径，建立幼小衔接完善的保障机制，强化幼小的合作伙伴关系，多方联动形成教育合力，推动怀化市区幼小衔接工作科学有效的开展。

四、培训课程安排

课程安排参见表5-2-1。

表5-2-1 培训课程安排

时间		课程内容	主讲	单位	主持	地点
×月×日	上午	1.开班仪式：教师结对，携手穿过“同心门”互赠礼物。 2.培训活动典礼。（30分钟、照合影） 3.方案解读。 4.××幼儿园：自主游戏观摩及游戏故事	××	×× 幼儿园	××	幼儿园多功能大厅
	下午	1.××小学：幼小衔接方案解读。 2.××小学：幼小衔接的优秀学科课。 3.团建活动	××	×× 小学	××	小学
×月×日	上午	专家讲座：打开通向美好未来的门	××	×× 小学	××	幼儿园多功能大厅
	下午	专讲讲座：幼小科学衔接与游戏活动的高新试点	××	×× 幼儿园		幼儿园多功能大厅
×月×日	上午	1.一花一世界——幼小衔接有效策略大教研。 2.幼小衔接的有效策略	××	×× 幼儿园	××	幼儿园多功能大厅
	下午	学员成果汇报暨结业典礼	××	×× 小学	××	小学 汇报厅

（二）联合教研

由于小学和幼儿园工作机制的不同，两个学段的老师无法经常抽出时间见面交流，幼小衔接线上工作室的成立让这一问题迎刃而解。线上线下相结合的联合教研方式，拉近了小学与幼儿园老师之间的距离，信息技术的支持让幼小联合教研更及时、更便捷。

1. 线下教研

一花一世界

——幼小衔接之学习准备的有效策略

【活动主题】

一花一世界——幼小衔接之学习准备的有效策略

【活动时间】

××年××月××日

【活动地点】

一楼多功能大厅

【参加对象】

××小学一年级教师、××幼儿园大班教师

【活动目的】

1. 将艺术插花与幼小衔接相结合，在畅聊中寻求幼小衔接的问题和解决策略。

2. 将“世界咖啡屋”研讨模式创新为“一花一世界”研讨模式，在舒适惬意、优美清新的环境中促进学员间的团队融合。

3. 以点带面，通过问卷调查发现幼小衔接学习准备中存在的问题，在研讨中寻求解决策略。

【活动准备】

1. 前期准备

“幼小衔接”问卷调查表。

2. 场地布置

（1）学员按照学习小组围桌而坐。

（2）花材、工具、装好花泥的花篮共10组。

（3）花艺表演师表演台一个。

3. 其他准备

PPT；卡纸5张、马克笔5套；希沃投屏设备。

【活动过程】

（一）暖场：花艺表演

一段花艺表演后，引出介绍今天教研活动的六个环节：识花、选花、插花、展花、赏花、赠花。

（二）识花——幼小衔接的概念及政策

主持人对幼小衔接相关理论和政策进行梳理。

（三）选花——幼小衔接的现状

主持人分析前期收集的家长、幼儿、幼儿园教师和小学教师的问卷调查表，抛出核心问题。

（四）插花——分小组讨论问题

将幼儿园和小学老师混搭成组，分为5组围绕“学习准备”主题分组进行研讨，形成小组的讨论结果。

1. 什么是学习品质？
2. 如何让孩子葆有好奇好问之心？
3. 如何培养孩子学习的主动性？
4. 怎样帮助孩子提升坚持力和专注力？
5. 怎样培养孩子的反思力？

（五）展花——各组展示花艺作品并分享讨论结果

1. 各组将插好的花艺作品放到台前展示。
2. 各组代表分享讨论结果，希沃投屏展示。

（六）赏花——专家引领

略。

（七）赠花——交流思想，碰撞火花

每桌请组长留在原位做桌长，其余的人则做“花客”，将主要的想法和问题带到新的小组中讨论（图5-2-1）。

图5-2-1　分组教研

（八）结束研讨

略。

2. 线上研讨

幼小联合教研之生活准备

做好生活准备，提高生活自理能力是幼儿进入小学前的重要内容。培养生活自理能力，促进幼儿精细动作发展和大脑发育，使其学会承担责任、服务社会，这也是学习与创造的基础。

幼儿园和小学开展联合教研，以“生活准备”为切入点，探讨适宜的发展目标及活动建议，切实为幼儿进入小学做好生活习惯、生活自理、安全意识以及劳动意识等方面的经验铺垫。

【活动目标】

1. 通过学习研讨提高幼小两个学段教师幼小衔接的理论水平，提升科学组织幼小衔接活动的能力。

2. 以云端交流的形式，加强幼儿园与小学老师的沟通，针对幼儿生活能力水平，进行研讨交流。

3. 围绕幼小科学衔接中的生活准备，通过经验分享、专家引领等环节，明晰生活活动中如何实施幼小衔接。

【活动准备】

1. 学习形式：线上研讨。（提前调试网络和设备，使用腾讯会议）

2. 准备工作：PPT、专家讲座视频。

【活动时间】

××××年×月×日。

【主持人】

×××（××小学）、×××（××幼儿园）。

【活动流程】

（一）签到

利用线上打卡App进行签到，开启本次的教研活动。

（二）“知”之深——巩固政策背景下的幼小衔接

主持人梳理国家关于幼小衔接的相关文件政策，强调幼小科学衔接的重要性，提出要重点把握以下四方面内容。

1. 强化主动衔接。

2. 注重适应过渡。

3. 关注个体差异。

4. 深化课程改革。

（三）“情”之切——基于孩子视角的幼小衔接

1. 小学教育和幼儿园教育的差异（表5-2-2）。

表5-2-2　小学教育和幼儿园教育的差异对照表

教育差异	幼儿园	小学
学习环境	宽松、活泼、丰富	严谨、规范、单一
学习内容	无固定教材和统一的学习内容	有固定教材和统一的学习内容
学习方式	游戏为主	课堂为主
教学形式	集体、分组、个人相结合多元化教学形式	以集体教学为主要形式
课程	综合性	学科化

2. 幼儿入学的四大准备。

3. 幼儿调查问卷分析。

（四）“行”之定——分组研讨幼小衔接之生活准备

幼儿园和小学老师共分成四个研讨组，分别从生活习惯、自理能力、安全防护、参与劳动四个方面进行探讨与分享。

（五）“意”之清——专家引领总结提升

略。

3. 现场观摩

为了增进了解，幼儿园和小学老师走进彼此的校园和课堂，在近距离的观摩之中，增进了解，相互学习与交流（图5-2-2）。

图5-2-2　幼小交互走进校园和课堂

二、双向调整融合

小学一年级上学期为幼小衔接适应期，幼儿园与小学达成教育共识，在作息安排、课程安排、班级环境等方面相互衔接，从硬件环境到软件环境上，全方面解决幼小衔接中出现的实际问题，减缓衔接坡度。

1. 幼儿园方面

为了让即将步入小学的孩子们对小学生活有所适应，幼儿园对大班下学期的幼儿一日生活作息安排和周计划进行了调整，尤其是在临近毕业的1—2个月中，孩子们的作息日趋向小学一年级作息靠拢（表5-2-3、表5-2-4）。只有在循序渐进的变化过程中，孩子们才能逐渐适应。

表5-2-3　大班周计划表

第十四周活动计划表

主教老师：　　　配班老师：　　　5月15日—5月19日

<table>
<tr><td>一周重点</td><td colspan="5">1.按计划续写开展“我要上小学啦”等主题教育活动。
2.有效观察、解读幼儿的游戏行为，随时进行游戏故事记录。
3.切实做好班级卫生消毒工作，及时做好因病请假登记及追除记录。
4.筹备“走进小学”参观实践活动的相关事宜</td></tr>
<tr><td></td><td>周一</td><td>周二</td><td>周三</td><td>周四</td><td>周五</td></tr>
<tr><td>7:50—8:30
入园、早餐</td><td colspan="5">1.晨间问候，测量体温、放置书包、酒精消毒，做好防疫工作。
2.幼儿进行桌面游戏或阅读活动，制订区域计划</td></tr>
<tr><td>8:30—8:40
餐后活动</td><td colspan="5">晨间阅读、晨间签到</td></tr>
<tr><td>一日生活活动指导要点</td><td colspan="5">引导幼儿养成守时、不拖沓的好习惯</td></tr>
</table>

续 表

8:40—9:15 教学活动 （一）	滑梯的回忆 （语言、社会）	传递火炬 （健康、社会）	我知道的小学 （语言、科学）	擂台赛 （健康、社会）	想象中的小学 老师 （艺术语言）
课间操					
9:45—10:20 教学活动 （二）	共享单车 （社会、艺术）	能转的风车 （科学、艺术）	购买学习 用品 （科学、社会）	快乐的 哆来咪 （艺术、健康）	小学和幼儿 园的不同 （幼小衔接）
10:20—11:30 室内自主游戏	重点指导 建构区： 幼儿园的路	重点指导 语言区： 你说我猜	重点指导 表演区： 小学生的一天	重点指导 美工区： 运动的人们	重点指导 科学区： 扎不破的袋子
11:30—11:40 餐前活动	音乐游戏： 大鹿	成语故事： 班门弄斧	音乐游戏： 动听的声音	传统文化： 节气“小满”	谈话活动： “走进小学” 实践活动
14:50— 16:20 户外自主游戏	沙水区				
16:20—16:50 户外运动	体育游戏： 跳绳	体育游戏： 丢沙包	体育游戏： 拔河	体育游戏： 套圈	体育游戏： 丢手绢
安全工作	安全活动： 保护耳朵	安全活动： 预防近视	安全活动： 换牙我不怕	安全活动： 运动安全	安全活动： 玩水的安全
家长工作	1.请家长和孩子聊一聊“我知道的小学”。 2.请家长引导孩子养成一定的时间观念，并按时接送幼儿				
一周小结					

表5-2-4 怀化市幼儿园大班一日作息时间表

怀化市幼儿园大班一日生活作息时间表（试行）

大班（冬季）	
作息时间	活动安排
07:50—08:40	入园、早餐、自主游戏
08:40—09:15	集体教学活动（一）
09:15—09:45	课间操（入场、队列、操舞）
09:45—10:20	集体教学活动（二）
10:20—10:30	课间十分钟

续 表

大班（冬季）	
作息时间	活动安排
10:30—11:30	室内自主游戏
11:30—12:10	餐前、午餐、餐后散步
12:10—14:30	午睡
14:30—14:50	起床、吃点心
14:50—16:50	户外自主游戏
16:50—17:30	离园活动、分批次离园
大班（夏季）	
作息时间	活动安排
07:50—08:35	入园、早餐、自主活动
08:35—09:05	集体教学活动
09:05—09:35	课间操
09:35—11:30	户外自主游戏
11:30—12:10	餐前、午餐、餐后散步
12:10—14:45	午睡
14:45—16:10	起床、吃点心、室内自主游戏
16:10—16:50	户外运动（体能活动）
16:50—17:30	离园活动、分批次离园

备注：遇上恶劣天气时，户外自主游戏时间调整为室内体育运动，户外活动时间教师自行安排游戏活动。

2. 小学方面

小学作息时间及课程安排见表5-2-5、表5-2-6。

表5-2-5　小学夏季作息时间表

________小学夏季作息时间表

早读	8:10—8:20
第一节课	8:20—9:00
第二节课	9:10—9:50
大课间	9:50—10:25
第三节课	10:25—11:05

续 表

<table>
<tr><td>眼保健操</td><td colspan="2">11:05—11:10</td></tr>
<tr><td>第四节课</td><td colspan="2">11:20—12:00</td></tr>
<tr><td>中午放学</td><td colspan="2">12:00—12:20</td></tr>
<tr><td>中午静校</td><td colspan="2">12:30—14:10</td></tr>
<tr><td>听广播</td><td colspan="2">14:20—14:30</td></tr>
<tr><td>第五节课</td><td colspan="2">14:30—15:10</td></tr>
<tr><td>眼保健操</td><td colspan="2">15:10—15:15</td></tr>
<tr><td>第六节课</td><td colspan="2">15:25—16:05</td></tr>
<tr><td rowspan="3">放学时间</td><td>周一至周四　一、二年级15:10</td><td>周五　一、二年级16:05</td></tr>
<tr><td colspan="2">三、四年级16：05</td></tr>
<tr><td colspan="2">五、六年级16：15</td></tr>
<tr><td rowspan="6">课后服务
放学时间</td><td rowspan="3">周一至周四</td><td>一、二年级：16:55</td></tr>
<tr><td>三、四年级：17:40</td></tr>
<tr><td>五、六年级：17:50</td></tr>
<tr><td rowspan="3">周五</td><td>一、二年级：17:30</td></tr>
<tr><td>三、四年级：17:40</td></tr>
<tr><td>五、六年级：17:50</td></tr>
<tr><td>下午静校</td><td colspan="2">18:00</td></tr>
</table>

表5–2–6　一年级课程表

<table>
<tr><td></td><td>早读</td><td>第一节</td><td>第二节</td><td rowspan="6">大课间阳光体育活动</td><td>第三节</td><td>第四节</td><td rowspan="6">午休</td><td>第五节</td><td>第六节</td></tr>
<tr><td>星期一</td><td>晨会</td><td>国防/健康</td><td>语文</td><td>数学</td><td>道德与法治</td><td>体育与健康</td><td>室内外综合游戏</td></tr>
<tr><td>星期二</td><td>语文</td><td>语文</td><td>数学</td><td>体育与健康</td><td>劳动</td><td>科学</td><td></td></tr>
<tr><td>星期三</td><td>语文</td><td>语文</td><td>数学</td><td>语文</td><td>体育活动</td><td>艺术美术</td><td>室内外综合游戏</td></tr>
<tr><td>星期四</td><td>数学</td><td>数学</td><td>语文</td><td>语文</td><td>体育活动</td><td>艺术音乐</td><td></td></tr>
<tr><td>星期五</td><td>语文</td><td>语文</td><td>艺术音乐</td><td>语文</td><td>艺术美术</td><td>道德与法治</td><td>综合实践活动</td></tr>
</table>

小学班级课程增加了室内外综合游戏。为了让孩子们喜欢上学，小学一年级老师在孩子们入学初期，创设与幼儿园相近的班级环境，让孩子们和父母共同制作姓名牌放在课桌上，帮助孩子们逐步熟悉环境，认识老师和新同学，适应小学的学习生活（图5-2-3）。

图5-2-3　小学姓名牌

3. 建立儿童成长档案

（1）幼儿成长档案。幼儿园、小学顺利过渡的关键因素之一是两个阶段的教育者能否全面掌握孩子的发展情况，为儿童持续性发展提供支持。

幼儿园建立了儿童发展档案，用图文并茂的形式悉心记录孩子在幼儿园三年的发展情况，并在孩子毕业后移交给小学教师，让小学教师能很好地熟悉孩子的成长路线（图5-2-4）。与此同时，幼儿园会在每学期末向一年级班主任发放毕业幼儿入学情况追踪调查表，深入了解幼儿步入一年级后的发展情况，以便进一步完善幼小衔接方案，提高其可操作性，为儿童搭建更加完善的成长阶梯。

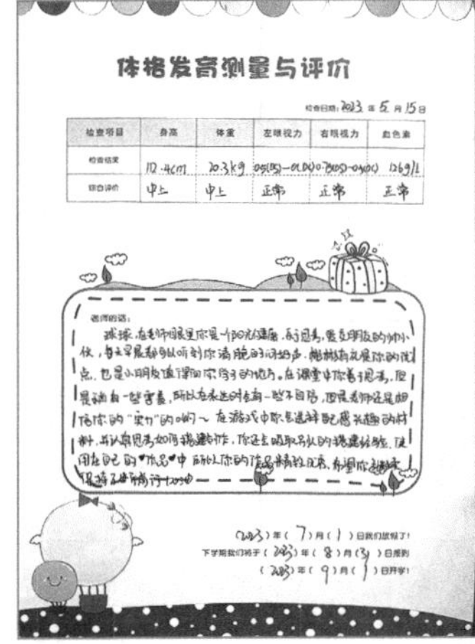

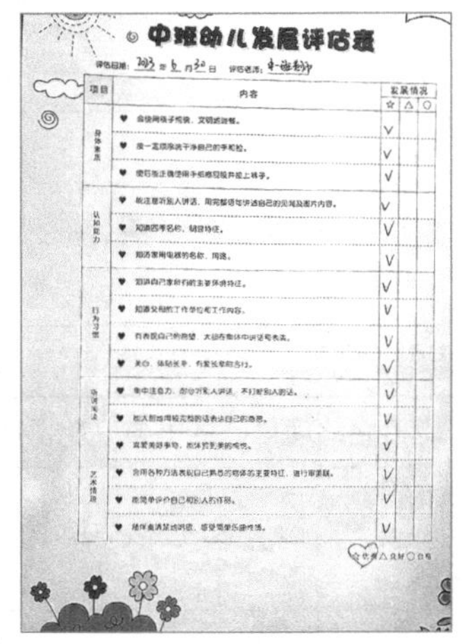

图5-2-4　幼儿成长档案

（2）幼儿追踪汇总表。（表5-2-7）

表5-2-7　幼儿追踪汇总

（××小学）怀化市幼儿园2022届毕业幼儿入学追踪调查表

1. 适应能力：在班级的情绪表现		
选项	小计	比例
非常适应	47	86%
比较适应	6	11%
比较不适应	2	3%
非常不适应	0	
本型有效填写人次	55	

续 表

2. 社会能力：与同学、老师的关系		
选项	小计	比例
非常融洽	40	73%
比较融洽	11	20%
比较不合群	4	7%
非常不合群	0	
本型有效填写人次	55	
3. 注意力品质：在课堂上的表现		
选项	小计	比例
非常积极专注	35	64%
比较积极专注	14	25%
有点不专心	5	6%
非常不专心	1	5%
本型有效填写人次	55	
4. 自理能力：能独立整理自己的书包、物品吗？		
选项	小计	比例
非常独立	29	53%
比较独立	20	37%
需要提示	4	7%
不能做到	2	3%
本型有效填写人次	55	
5. 自主的计划能力：能自己计划安排好自己的学习及娱乐生活吗？		
选项	小计	比例
非常自主	25	46%
比较自主	20	36%
需要提示	9	16%
不能做到	1	2%
本型有效填写人次	55	

续 表

6. 动作发展：体能与技能		
选项	小计	比例
非常好	30	55%
比较好	20	36%
一般	5	9%
滞后	0	
本型有效填写人次	55	
7. 学习能力：语文成绩怎样？		
选项	小计	比例
非常好	19	35%
比较好	21	38%
一般	12	22%
差	3	5%
本型有效填写人次	55	
8. 学习能力：数学成绩怎样？		
选项	小计	比例
非常好	24	44%
比较好	14	25%
一般	15	27%
差	2	4%
本型有效填写人次	55	
9. 领导能力：是否担任班干部？		
选项	小计	比例
是	32	58%
否	23	42%
本型有效填写人次	55	

幼小科学衔接，不是孩子从幼儿园迈向小学的一场孤独的旅行，而是幼儿、教师和家长共生共长，幼儿园、社会、幼儿、教师、家长共生共长、彼此成就的过程。在此过程中，我们看到了孩子的发展、教师的成长，也看到了家长的蜕变，每一个个体都在相互作用的过程中实现了交互式的学习和成长，彼此遇见了更好的自己。

第六章

幼小衔接实施案例

幼小衔接实施案例是指幼小衔接过程中一个个有着真实教育情境的故事，这些故事对事件发展全过程进行了完整叙述与理性思考，通常包括案例背景、案例描述、案例启示与反思等要素，它是教师幼小衔接理念、教育行为和教育思想的集中体现。本章节中的幼小衔接实施案例涵盖了生活、游戏、学习等各方面，不仅能给广大幼教同人以专业支撑，同时也可使教师不断改善自己的教育行为，提高幼小衔接教育的质量。

第一节　中班实施案例

生活案例：自助“食”光，“童”享美味

中6班教师　欧雅雯

《幼儿园入学准备教育指导要点》中强调：幼儿园应充分理解和尊重幼儿学习方式和特点，把入学准备教育目标和内容要求融入幼儿园的一日生活，支持幼儿通过直接感知、实际操作和亲身体验等方式积累经验，逐步做好身心准备，同时指出：较强的生活自理能力有助于幼儿做好入学后学习和生活的自我管理和服务，增强独立性和自信心。幼儿园的孩子们由于年纪小，家长们往往会给予孩子更多的关爱，不让他们独立面对生活，导致孩子生活自理能力较弱，那如何提高孩子的生活自理能力呢？接下来，请一起走进中班生活案例“自助‘食’光，‘童’享美味”。

一、案例背景

一天，老师在家长群里分享了幼儿的进餐视频，没想到，就是这个日常分享，引发了家长和幼儿在家中的一场热议。幼儿纷纷告诉家长自己在幼儿园吃饭的情况：“我们在幼儿园吃饭要排队”“有很多人一起”“老师会把饭菜打好”……家长们将孩子们有趣的对话反馈给了老师，于是，就有了我们班关于“你想怎样用餐”的讨论活动。当老师的问题抛出，孩子们便七嘴八舌了起来：

“我想自己打粥。”

“我在家吃早餐，东西都是摆在桌子上的。”

“我想跟在万达一样，自己可以拿东西吃。”

……

为了支持孩子们的想法，班级从早餐入手，幼儿和老师一起制定了自主就餐的流程并开始了尝试。

二、案例描述

（一）就餐前

幼儿轮流当生活小管家，进行擦桌子、摆放垃圾盘、餐盘和碗。通过自主摆放，熟练地进行班级服务，增强自我服务的意识（图6–1–1）。

图6–1–1　就餐前

（二）就餐时

幼儿分批自主取餐，自己盛粥、取主食。需要什么、拿什么，取完餐后坐回座位进行用餐（图6–1–2）。

图6–1–2　就餐中

（三）就餐后

幼儿将自己的碗、勺子进行收纳，清洗自己的餐盘。生活小管家负责收拾垃圾盘和整理桌面（图6–1–3）。

图6–1–3　就餐后

经过一周尝试，老师发现了以下四种情况。

情况一：夹不起

比如早餐提供的水果——火龙果，幼儿用夹子夹取火龙果时，个别幼儿出现了夹起来滑下去的现象，一次又一次，都没能成功夹起来，中班幼儿由于手指的精细动作发展有限，因此幼儿难以将食物熟练夹起。

情况二：取多了，吃不下

一次，早餐的水果是蓝莓，多多用勺子装了一整格满满的蓝莓端走了。过了一会儿，多多和老师说："老师，这个有点多，我吃不下了。"因为对蓝莓的喜欢让多多忍不住多拿，却没能正确地认识到自己的食量。

情况三：清洗餐盘打湿衣物

在清洗餐盘时，总有孩子将衣服打湿。仔细观察后发现，因为餐盘是分格的，幼儿在进行清洗时如果水开大了，水流到餐盘格子里会飞溅出来，打湿了幼儿的衣物。

情况四：人多取餐容易相撞

对于自助早餐，孩子们都兴趣十足，在取餐的时候，容易忽略他人，尤其是在端着食物走路时，会关注不到周围其他人的情况，造成碰撞的现象。人一多，孩子们就容易挤在一堆，打翻手中的食物。

三、支持策略

（一）关注就餐礼仪，养成良好用餐习惯

教师和幼儿一同讨论就餐要求，并以儿歌形式让幼儿一起学会有序取盘，按规定方向取餐。合理饮食，按需拿取，不浪费，不暴饮暴食。

用餐礼仪：

用餐前，要洗手，细菌才能都赶走；
取餐时，不能乱，你推我挤不文明；
少量拿，多次取，爱惜粮食不浪费；
用餐后，嘴边油，纸巾擦嘴水漱口；
好习惯，要养成，点点滴滴我做起。

（二）跟进环境材料，助力幼儿自主取餐

我们调整了食物盘、餐盘、分餐桌、食物夹及自主取餐的位置，餐具由深变浅、从少到多，餐桌由小到大，位置从靠墙到中间，并增添勺子、纸巾等物品，使幼儿在进行自主用餐的过程中更加方便（表6–1–1）。

表6–1–1　餐具分类

食物盆		食物盘	
碗		餐盘、碗	

续表

小桌子		大桌子	
靠墙		中间	
夹子		小勺子、大夹子	

（三）追随幼儿发展，支持获取关键经验

针对大部分幼儿对于使用夹子有一定的困难，在游戏材料区提供夹子进行练习。幼儿在清洗餐盘的环节中，学会控制水流的大小、身体与台面的距离、餐盘位置的高低，确保幼儿不打湿衣物，并顺利清洗餐盘。

（四）形成家园合力，培养幼儿自主能力

幼儿生活自理能力的培养，需要幼儿园和家庭的共同发力。鼓励幼儿在家自己的事情自己做，并做一些力所能及的家务。在进餐习惯和自主劳动意识的培养上，与家庭形成教育合力，共同提升幼儿自我服务能力。

四、案例启示

在追随幼儿想法后实践的自助早餐，将劳动教育贯穿于进餐活动之中，为幼儿创设充分的自我服务机会。借力自主游戏“放手”“发现”“观察”等核心理念的观点，以幼儿早餐环节为着力点，从一日生活入手，科学做好幼小衔接。我们的收获有：

（一）聚焦生活，促进幼儿的全面发展

儿童的本能生长总是在一定环境下发生、发展，所以生活即教育，生活即发展。通过自助取餐，幼儿学会文明的进餐礼仪，锻炼了手部肌肉灵活性、手眼协调能力和平衡能力，养成了终身受益的饮食习惯。在整个活动中，幼儿被理解、被尊重，有了独立自主的选择权利，提高了服务意识和自理能力。

（二）改变观念，助推教师的专业成长

通过自主早餐这个全新的生活尝试，老师们改变了自己的观念，审视自己的教育行为，太多的保护和包办代替不仅丧失了锻炼幼儿动手能力的机会，同时还阻碍了孩子独立性的发展，导致幼儿生活经验不足，从而感到自卑并害怕挑战。老师们的适当放手，给了孩子们无限可能。所以，我们应放慢脚步，从点滴做起，家园共同合作，从而促进幼儿成长道路上的蜕变以及教师专业素养与能力的不断提升。

（三）基于观察，探寻日常的教育契机

老师们要认识到教育就在我们身边，只有深入孩子的生活中，才能寻找到真正适合孩子发展的教育点。从一次简单的视频分享到一场自助早餐的实践，教师从生活中发现，在过程中支持，不断反思与改进，以敏锐的视角去捕捉幼儿发展的教育契机。

倾听活动：过渡环节的欢乐时光

中4班教师　杨小爱　刘瑞

在《教育部关于大力推进幼儿园与小学科学衔接的指导意见》及《幼儿园入学准备教育指导要点》中，我们大概提炼了一下，文件中关于“专注”一词共使用了7次、“倾听”一词共使用5次，如此多频率出现的词汇，正说明了“专注”“倾听”对于入学准备的重要性。尤其是孩子进入小学后，活动形式由以游戏为主转变为以集体教授为主，孩子获取老师的信息70%是通过倾听来完成的，所以孩子的听觉专注与学习效率有着非常密切的关系。而幼儿园过渡环节大约占了幼儿一日时间的20%—30%，如何减少幼儿在过渡环节的消极等待并与幼小衔接教育有机结合，充分做好幼儿入小学准备呢？请看中班生活案例

“过渡环节的欢乐时光”。

一、案例背景

源起1：中班第二学期，我班每周会布置一个口头小任务，以培养孩子的任务意识，但经过一段时间，我们发现总有少部分幼儿在转述口头小任务时，出现不能完整转述、转述错误或忘记任务的现象。同时，在教育活动中或师幼交流时，也总有孩子急不可耐地插话、抢答或答非所问。

源起2：集体活动与户外活动之间的过渡环节，孩子们有的在喝水，有的在上厕所，有的在四处嬉闹，有的已经在排队等候了……这时，米果对我说：“杨老师，小朋友太慢了，我等得好无聊。”

基于以上两件事，我开始思考：如何减少幼儿在过渡环节的消极等待？如何在过渡环节中运用听知觉游戏提升幼儿的倾听、表达及专注能力呢？于是，“过渡环节的欢乐时光”案例实践开始了。

二、案例实施

（一）开启调查——幼儿倾听习惯调查与记录

双休日，我们给孩子们布置了“倾听习惯小调查”的任务，要求从家长、幼儿两个维度进行调查与记录，这一项任务需要家长和孩子共同完成。在这个过程中家长需要充当老师，将调查问题读给孩子听，孩子根据自己的回答在表上画“√”或“×”（表6-1-2）。这一活动加深了幼儿与家长对倾听的关注，懂得了倾听的重要性，并初步了解了倾听时该怎么做。

表6-1-2　幼儿倾听习惯小调查

	问题	家长评价	幼儿评价	备注
倾听习惯	叫孩子的名字时，孩子是否能立即回应？			“能”用“√”表示，“不能”用“×”表示
	在与孩子交流时，孩子是否能注视着你，并认真地听？			
	家长讲话时，孩子是否随意打断别人的讲话？			
	不感兴趣的内容，孩子是否能控制自己继续听？			

续 表

	问题	家长评价	幼儿评价	备注
倾听能力	听完故事后，孩子能否简单讲述故事情节？			“能”用“√”表示，“不能”用“×”表示
	幼儿园里布置的任务，孩子是否能准确地转述并完成任务？			
	孩子是否能听指令，并立即按要求去做？			

（二）绘本倾听记录

晨间活动，吃过早餐的孩子陆续开始自由活动，我们在班级推荐了绘本故事《你在听我说话吗？》，并提出了两个问题：长颈鹿为什么会走错路？小青蛙为什么找到了去海滩的路？孩子们带着问题一边听绘本故事，一边进行倾听记录和交流（表6–1–3）。“青蛙有地图，会看路标，知道该怎么走！”“长颈鹿没有听清青蛙的讲话就说：‘我知道！我知道！’”“长颈鹿脖子抬得高高的，完全听不清别人的讲话。”孩子们七嘴八舌地分享着自己的绘本倾听记录，既培养了幼儿专注倾听的习惯，又发展了幼儿理解性倾听的能力，进一步认识到倾听的重要。

表6–1–3　倾听记录

绘本倾听记录	
长颈鹿为什么会走错路？	小青蛙为什么找到了去海滩的路？

（三）收集倾听小游戏

为了减少孩子们在过渡环节的消极等待，我们布置了征集“倾听小游戏”的任务，鼓励孩子跟家长一起收集倾听小游戏，并在父母的指导下，熟悉游戏的玩法。随着孩子们收集的“倾听小游戏”数量的增多，老师将孩子们收集到的倾听游戏汇编成“游戏宝典”贴在活动室显眼位置，每到过渡环节孩子们再也没有了消极等待，也没有了无序“野跑”。常常会三五成群，自发地组合在一起，轮流充当小老师，玩“倾听小游戏”（图6–1–4、图6–1–5、表6–1–4）。

图6-1-4　玩“倾听小游戏”

表6-1-4　过渡环节的倾听小游戏

游戏名称	游戏玩法	提升能力
水果切切切	一人念一组词语，当听到水果时，做切的动作并念“切”。如：苹果、香蕉、梨子、草莓	反应能力、听觉的专注力和辨别力
句子复述	朗读句子，幼儿复述，每一句都在前一句的基础上加一点内容，慢慢拉长句子。如：我有一只猫。我有一只黑色的猫。我有一只全身是黑色的猫	听觉的记忆强度和专注力
指五官	幼儿把左手食指点在鼻尖，教师把幼儿右手心朝上放在自己的两手中间，教师拍一下幼儿的右手，同时报出一个五官名称，幼儿要快速用左手指那个器官，指认完毕后左手食指放回鼻尖	听觉的注意力
听词语做动作	念一组词语，听到家用电器拍一下手。如：电视、运钞车、货车、电饭煲、游泳、空调	听觉注意力、筛选信息的能力、听觉反应速度
正听反说	念一组数字或词语，听到后反过来说。如：23、54、76、89、32、98、09、65、29、38	听觉记忆力、听说能力、听觉转换力
漏网之鱼	按照正序说出一组数字，有意漏掉1至2个数字，请幼儿找出漏掉的数字。如：1、2、3、（4）、5、（6）、7	听觉的注意力
小小检察官	听一组词语，请说出你听到的哪个词语和其他词语是不同类别。如：大象、大树、猴子、老虎	听觉记忆能力、听觉分辨能力

续 表

游戏名称	游戏玩法	提升能力
面包里面有什么?	说出食材后，如果是汉堡里面的，就“啊呜”吃掉，如果不是则要摆手拒绝	听觉干扰辨别和反应速度
拼摆数字	按照指令内容摆出数字卡片	专注力和听觉反应能力
舒尔特方格	被测者要依次指出施测者所读出方格里的2至3个数字	听觉的专注力
看谁模仿得像	一人用不同的节奏、不同的音量等形式拍奏铃鼓，要求幼儿听后用手拍出刚才的节奏	听觉的注意力
冥想游戏	闭上眼睛，孩子们感受耳朵里会传来哪些声音。如：楼道里的声音、窗外小鸟的叫声、风声、电梯开关，等等	听觉的分辨能力
说说做做	一人说出一组同类的词语，其中包含几个不同类型的词语，当幼儿听到时，快速拍手、踏脚或做其他相应动作。如：请小朋友听到水果时拍拍手，听到蔬菜时跺跺脚，听到其他词语点点头。如北京、草莓、西瓜、桌子、土豆、冬瓜、香港、香蕉、香菜等	听觉的注意力
听词数数	念一个简短的故事，故事讲完后，请说出故事里乌龟/de/太阳……出现了几次?	听觉注意力、听觉记忆力
传递悄悄话	由一名幼儿抽出一张图片（内容不限），将图片内容进行悄悄话传递。最后一个幼儿听到后说出答案，与第一个孩子验证结果	听觉记忆力
号码复述	说出一串电话号码，让幼儿复述刚才听到的数字	听觉的记忆力和听觉的广度
信号拦截大小西瓜	听到指令“大西瓜”，要口里跟着说“大西瓜”，然后做一个小西瓜的手势；听到指令“小西瓜”，要口里跟着说“小西瓜”，然后做一个大西瓜的手势	听觉的注意力和反应力
听句子找不同	一组句子找出不同。如：奶奶在花园里浇花；姥姥在花园里浇花	听觉的分辨能力

图6-1-5　游戏精彩瞬间

三、案例反思

（一）关注亲身体验，化“被动”为“主动”

在倾听习惯小调查、绘本倾听记录及倾听游戏收集过程中，都充分调动幼儿与家长的积极性和主动性，在亲自参与、亲身体验、亲子互动中了解什么是倾听？为什么倾听？如何倾听？从而增强倾听的主动性，养成幼儿良好的倾听习惯。

（二）注意游戏层次，转“娱乐”为“能力”

游戏始终围绕幼儿的发展，根据幼儿游戏水平，难度由简到繁、循序渐进，在自由组合、协商合作中逐步提升幼儿听觉的专注力、反应力和分辨力等。

（三）家园配合共赴科学衔接

随着系列游戏的开展，我们通过视频、信息等方式与家长进行分享，越来越多的爸爸妈妈加入进来，与孩子进行亲子游戏，老师定期在群里发送亲子听知觉游戏视频，供家长学习和游戏参考，形成家园合力，助力幼儿听知觉能力的提升。

在这样的游戏时光中，孩子们开始发生着微妙的变化。师生关系更加亲密，互动更多；集体活动中，认真倾听的质量越来越高；阅读绘本时，会有意记下好词，听完后进行分享；参与游戏的积极性更加高涨，就连平时有些胆怯的孩子也敢于大胆带领小伙伴一起游戏。同时，作为老师的我，职业幸福感也油然而生。

游戏案例：车辆的连接

中2班教师　王琴

一、活动背景

本次游戏场地为骑行区，游戏材料为各种型号的平衡车、纸箱、交警服、安全帽、各种交通指示牌等，整个活动场地为“马路”场景。在此之前，班级

幼儿已经能熟练驾驶这些平衡车，兴趣浓厚，在最初进入骑行区游戏时，幼儿每人一辆车，按照常规玩起了交警指挥交通的游戏，但交警的角色少，大部分幼儿扮演司机骑车，游戏情节单调，很快大家就都失去了兴趣。这时，班级的一名女孩将两辆不同型号的车辆连接在了一起，以一辆车带动另一辆车，这种新型游戏很快吸引了大家的眼球，大家纷纷模仿，开始了对车辆连接秘密的探索之旅。

基于幼儿的兴趣和需求，引导幼儿进行思考：怎样使车辆连接得更长更稳呢？后续又投入了一些绳索、布条等，用来作为连接的工具，以期幼儿能探索出不同型号车辆的不同连接方式。游戏本身并没有特定的规则和玩法，旨在让幼儿大胆、自由地探索车辆连接的秘密，可以是同种型号车辆的连接，也可以是不同型号车辆的连接，可以借助工具连接，也可以不借助工具，可以是横向连接，也可以是纵向连接。总之，在确保安全的前提下，大胆尝试、动手动脑，自由、自主、随心游戏即可。

二、活动内容与过程实录

（一）车辆连接初次体验

孩子们第一次进入骑行区，表现得格外兴奋。每人挑选了一辆脚踏车，或者两人合作玩拖车，一人在前面拉一人在后面坐，玩得不亦乐乎。突然有一辆别致的车进入我的视线：一辆红色的三轮车后杆上拖着一辆两轮人拉式车辆（图6-1-6）。两轮车需要一人在前面拉才可以行驶，但这样的方式，可以轻松实现两人坐车的乐趣，省去了人力。

图6-1-6　两辆车连接初尝试

坐在前面三轮车上的是邹若彤，曾蕴汐则坐在后面的两轮车上笑得合不拢嘴，她们绕着游戏场一圈又一圈。就这样，一辆新式的车就诞生了。“可不可以试试让黄色车辆相连呢？”听了我的建议，邹若彤若有所思地点点头，孩子们纷纷探索起车辆的不同相连方式来。

教师的思考： 在大家都以传统的游戏方式，即每人一辆车游戏时，邹若彤别具创新，率先对车辆进行了改装，由人拉车式的玩法变成了车拉车式的玩法。体现了彤彤较强的创造力和动手能力。也由此，班级的小朋友开始了一系列对车辆相连的探索游戏。看到彤彤的这一创作，我很惊喜，也很期待孩子们接下来的精彩表现。

（二）两辆不同型号的红黄车辆纵向连接

谢攸玥可能受到了这一新式改装车的启发，与小伙伴试着将黄色三轮滑板车和两轮红色人拉车相连接。谢攸玥将人拉车的把手往前拉，套在黄色三轮滑板车的两个后轮处，完成操作后，谢攸玥邀请李玥心坐在红色两轮人拉车上，自己单脚站立在两车相交的空隙处，准备启动车辆（图6–1–7）。只见谢攸玥两手握住黄色三轮滑板车的车把手，一只脚使劲儿往地上蹬，但车辆丝毫未动。“你来吧！”谢攸玥邀请了正在一旁观看的周芮平充当司机的角色，自己则跑到车子前面，使劲儿地往前拉，车辆还是纹丝不动（图6–1–8）。

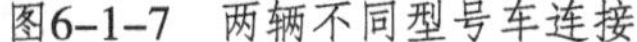

图6–1–7　两辆不同型号车连接

图6–1–8　使劲儿蹬车可纹丝不动

不一会儿，谢攸玥又跑到车辆后面，双腿跪立，向前倾着身子往前推车，还尝试用身体顶车，但最终仍以失败告终（图6–1–9）。最后，三个女孩不得不放弃这种做法，采取了传统的芮芮拉车、谢攸玥推车、李玥心坐车的方式使车辆快速行驶起来（图6–1–10）。

图6-1-9　双腿跪立，倾着身子往前推车

图6-1-10　车辆快速行驶起来

教师的思考：同伴间的学习影响是巨大的，看到彤彤的创作后，个性内敛的谢攸玥开启了不一样的探索。整个游戏过程中，谢攸玥的语言很少，但却是整个游戏的发起者和领导者，而芮芮和李玥心则处于合作者的地位。在尝试连接两辆不同型号的红、黄车辆时，谢攸玥先后尝试了以下方法：①自己当司机；②邀请同伴当司机，自己在前面拉车；③在后面以不同的方式推车。

虽然最后的结果都失败了，但体现了孩子勇于探索、不断尝试的品质，以及一定的组织与领导能力。而当尝试了几种方法均失败后，谢攸玥果断放弃，这也不失为一种有效策略。

整个游戏过程，教师都是观察者的身份，没有打断孩子们的探索。哪怕最后探索失败了，仍然是孩子们由自己的亲身实践所得出来的结论：黄色三轮滑板车和红色两轮人拉车在不借助工具的情况下，连接后是不能顺利通行的。

（三）多辆不同型号的红黄车辆纵向连接

在接下来几天的游戏中，以谢攸玥为首的几个女孩仍然热衷于探索车辆的不同连接方式。所不同的是，谢攸玥似乎已经放弃了红黄车辆相连，转而采取一开始邹若彤发明的方式，使用红色三轮车带动两轮人拉车，而最初的将人拉车的把手套在杆子上，也变成了套在了自己的大腿上。这一次，后面的小乘客仍旧是曾蕴汐，她双脚踩在人拉车后面两个轮子中间，双手稳稳地抓住座椅靠背（图6-1-11）。

“老师，你看我们的车。”曾蕴汐兴奋地朝我喊道。一旁的好几个孩子也来了兴趣，纷纷跟在了两人后面。“哦，出发了，快一点！”后面来的孩子各自使劲，他们自发排成了一个纵队（图6-1-12），向前行驶了好一段距离，但是大家的步调、速度不一致，很快就散开了。

图6-1-11　红色三轮车带动两轮人拉车

图6-1-12　自发排成了一个纵队

教师的思考：在该游戏中，越来越多的孩子对车辆的连接产生了兴趣，在没有任何指挥的情况下，纷纷自发排成一个纵队行驶，表达了幼儿“希望连接更多车辆”这一游戏需求。针对这一需求，可以给孩子提供怎样的支持呢？材料、同伴、媒体……这是教师首先要思考的问题。

游戏结束后，我在集体面前抛出了这样的问题：怎样使不同的车辆进行连接呢？可以借助什么样的材料连接？如果不借助材料，所有的车辆都能相连吗？孩子们在已有经验的基础上提出了解决方案：可以借助胶布、绳子……我鼓励孩子们在下次的游戏中试试看。

（四）两辆同种型号的黄色车辆横向连接

可能觉得前后连接车辆失去了一开始的新鲜感，或者难度系数过大，在后来好几天的游戏中，孩子们并没有新的突破。直到有一次，谢攸玥在材料区找到了一根绳子。绳子细细的，绳子两端被打了一个结。谢攸玥细细打量着绳子，又用绳子在车把手上绕啊绕，接着在旁边谢宛妤的车把上缠绕着（图6-1-13）。捣鼓了一会儿后，两个女孩便并肩缓缓出发了（图6-1-14）。这一次，两个女孩骑的是黄色三轮滑板车。

图6-1-13　用绳子连接两辆车的车把

图6-1-14　并肩缓缓出发

教师的思考：绳子的出现引发了孩子们新的探索，探索车辆横向连接是骑行区的又一创新，充分证明了孩子就是天生的游戏家。这次的游戏主导者仍然是谢攸玥，也表明中班孩子在游戏过程中，游戏主题具有一定的持续性和稳定性。而游戏的最后结果也表明，投放至游戏区的材料要具有一定的适宜性，尺寸需适中。

（五）两辆同种型号的黄色车辆纵向连接

这一次我惊喜地发现谢攸玥和谢宛妤将两辆黄色滑板车进行了纵向连接（图6-1-15），这是骑行区游戏的又一大创新玩法。谢攸玥在前蹬车，谢宛妤双脚站立在后面的车上（图6-1-16），两人嬉笑着享受着她们的最新发明。可是当车速过快时，后面那辆车的前轮便很快地掉了下来。谢宛妤只得一次次抬起车的前轮重新放置。"你可以把轮胎放在里面。"谢攸玥停下来向谢宛妤提议道。谢宛妤将前轮稍微歪斜，这样前轮就能稳稳卡在前面车辆的后轮缝隙了。两人笑着在场地上溜达了好几圈（图6-1-17）。

图6-1-15　两辆车纵向连接

图6-1-16　后车上的人双脚站在后面的车上

图6-1-17　后面车的车轮卡好就不再掉了

“想想看，怎样连接更多的车辆，就像小火车那样？”我的提议得到了两个女孩的积极回应，谢攸玥又马上拿来了一辆黄色三轮滑板车架在了后面（图6–1–18）。但最后的车并没有乘客，因为，最后一辆车总是掉。谢宛妤一只手扶在自己的车把上，一只手扶住了最后一辆车（图6–1–19）。

图6–1–18　连接更多的车辆

图6–1–19　用手扶住最后一辆车

江蝶幽在一旁看了好一会儿，她走近第三辆车，似乎正在犹豫要不要骑车。最终，幽幽小心翼翼地站到了车上（图6–1–20）。谢攸玥刚一启动车辆，第三辆车就掉了下来。如此，反复了好几次，一直到游戏结束，第三辆车上都没有乘客出现（图6–1–21）。

图6–1–20　小心翼翼上车

图6–1–21　第三辆车没有乘客出现

教师的思考：谢攸玥在经历了前两次游戏失败后，这次终于尝到了成功的喜悦，以自身实践证明了，两辆黄色三轮滑板车在没有借助材料的情况下，也是可以相连接的。在游戏过程中，两个女孩遇到了下面的问题：车辆虽然相连，但后面的车辆总是会往下掉；虽然能连接三辆车，但第三辆车根本没法站

人。针对这些问题，女孩们不断调整，用手扶住前后车辆使之相连接，使后面车的前轮歪斜卡进缝隙。游戏中谢攸玥仍处于主导地位。

车子靠墙停了下来，等待新加入的小伙伴。向俊屹、袁名键、向帘睿跳下车，来到队伍最后。“待会儿我喊一、二、三，大家要一起蹬车。”向俊屹每到一个小伙伴面前，都会大声提醒一次。同时，只见袁名键、向帘睿像在巡查似的，检查新加入伙伴的车轮是否卡稳。一切妥当后，几人又回到了各自的车上。“我们要准备出发了！”向俊屹向前倾着身子，用力地用脚蹬车，“出发啦！出发啦！”后面的小伙伴也兴奋地叫嚷着，大家一起蹬车，车队很快就在大家的欢笑声中顺利出发了（图6-1-22）。“给你们的车队取个名字吧！”我提议说。“我们叫‘超长号’。”第二辆车上的袁名键不假思索地回答道。自此，班级“超长号”车队正式诞生啦！（图6-1-23）。

图6-1-22　车队顺利出发

图6-1-23　班级“超长号”车队诞生

活动特点及对幼儿学习发展的价值：

本次活动最大的特点便是开放性、操作性、创造性、趣味性，因不限材料和方式，所以，幼儿可以最大限度地发挥自身的积极主动性去合作、去探索、去创造，在动手动脑的同时，提升各方面能力。本次游戏对幼儿学习发展的价值，可以从《3—6岁儿童学习与发展指南》《幼儿园入学准备教育指导要点》分析，具体价值表现在以下方面。

1. 社会领域方面

（1）社会适应：愿意与同伴交往，遵守基本的行为规范

孩子们在群体游戏中情绪积极、快乐，通过与伙伴合作，探索出了车辆连接的秘密，玩出了车辆的别样玩法。在游戏中，有的孩子扮演了司机，有的孩子则扮演乘客，有的孩子是游戏的发起者，有的孩子则是游戏的积极配合者，不管是哪种形式的车辆连接，协商、合作、讨论，时刻都在发生。虽然也有矛盾冲突的发生，但这也恰恰是幼儿学习与人交往的契机。

尤其，当“超长号”诞生后，为了使“超长号”顺利行驶，必须所有人同时蹬车，这反映了孩子们高度合作的意识，也表现出对共同制定的游戏规则的理解与遵守。

（2）人际交往：具有自尊、自信、自主的表现

游戏中的邹若彤、谢攸玥、向俊屹等孩子，作为不同时期游戏的发起者和领导者，他们能够按照自己独特的想法进行游戏，勇于创新，敢于尝试有一定难度的活动。当面对车辆相连却不能行驶、能行驶却总脱轨、车辆连接太长蹬不动等困难时，孩子们仍然敢于一试，尝试用各种方法解决问题。尤其向俊屹这个孩子，在整个车队的建设中，出主意、想办法，表现出充分自尊、自主意识。没有老师设定的游戏内容，一切都是幼儿最本真的游戏意愿。

2. 科学领域方面：科学探究，喜欢探究，具有初步的探究能力

孩子们在骑行区不断动手操作，在不同类型的车辆间捣鼓，与车辆进行着积极互动，探索出了横向连接、纵向连接，同种类型车辆连接、不同类型车辆连接，两辆车的连接、多辆车的连接的游戏内容，并最终成功创造出了“超长号”车队。孩子们之所以能探究出丰富的玩法，用到了对车辆的观察比较（比如发现轮胎歪斜才能稳固，发现红黄两种不同型号的车不借助工具是没法连接

的）、反复尝试、调整策略等多种方式方法，在游戏中习得多种探究方法，提高探究能力。

3. 健康领域方面：生活能力，具备基本的安全知识和自我保护能力

孩子们在探索车辆连接的过程中，面临着车辆和人来人往、方向不一致等情况，极易发生车辆和人相碰撞的问题，所以整个游戏过程，需要幼儿有对危险的预估和辨识，能主动躲避被车辆或人撞到的危险。并且也要遵守一定的骑行安全规则，比如说速度不宜过快、与其他车辆保持一定的安全距离、骑行时站稳扶好把手等。

4. 学习准备方面：好奇好问、学习习惯

孩子们在游戏中，对探索车辆连接的秘密产生了极大的兴趣，兴趣持续时间长，涉及人数广，探索出了多种不同的连接方式。在每一次连接中，孩子们都乐于动手动脑，并且表现出了极大的专注力、坚持性，这些品质对于孩子的后续学习甚至终身学习都奠定了良好的基础。如向俊屹在探索多辆同种型号车辆的连接方式时，积极观察思考车轮总是往下掉的原因，并在反复多次动手中，最终使问题得以解决。

5. 社会准备方面：交往合作、诚实守规

任何一次连接，都不是一个人探索的结果，而是同伴间的协同合作。

无论是哪种连接方式，都需要多人交往合作。尤其最后“超长号”车队的诞生，更加需要所有成员同时蹬车、遵守共同的规则才得以实现。

对教师支持行为的反思：教师敏锐地捕捉到最初幼儿的创新行为，即女孩一开始对两辆不同型号车辆的连接，及时给予女孩正面积极的反馈，并在集体面前进行游戏分享，吸引大家进一步去思考和探索，以及后来同种型号车辆相连，车轮总往下掉的情况，教师采取放手和鼓励的态度，让幼儿自行探索、反复尝试。教师的支持行为恰当适宜，体现了对幼儿的尊重，对游戏的放手。

当幼儿进行车辆的横向探索时，因材料的限制，以至于幼儿没能继续深入探索车辆的横向连接。此时，教师并没有适当地介入，更没有提供合适的材料去支持幼儿的行为，使得探索中断。

可能生成的教育契机及进一步支持策略：在“超长号”诞生后，班级幼儿又遇到了新的问题，长长的车辆拐弯时，因场地限制或者连接的问题，车辆很容易散开掉落，在后续的游戏中，可为幼儿提供更宽阔的场地，供“超长号”

拐弯、掉头。另外，引导幼儿思考：除了将轮胎卡紧连接，还可以进行怎样的连接？（卡紧连接、锁紧连接、插销连接、滑动连接、吊挂连接）对连接有更深层次的探索。

在横向连接车辆时，可提供给幼儿更丰富适宜的连接材料，如挂钩、粗绳索等，或者相关连接视频，可参照提升幼儿经验，去再次深入探索。

组织幼儿集体讨论：关于车辆的连接游戏，你还想怎么玩？引导幼儿思考和表达，根据幼儿的兴趣和需求，让幼儿体验和尝试，并提供相关材料和经验支持。

第二节　大班实施案例

生活案例：自主午睡 助力衔接

大2班教师　黄卉　石文娟

午睡是幼儿园一日生活的重要环节，是幼儿健康成长的需要。《指南》中指出：保证幼儿一天睡11—12小时，其中午睡一般达到2小时左右。可见，午睡环节在一日活动中所占据的时间比较长，是非常重要的生活活动。作为生活活动的重要组成部分，午睡环节还蕴含着丰富的教育价值。大班幼儿马上就要升小学了，小学的学习、生活需要幼儿能够更加自理、自主。而大部分的孩子在自我管理、自我控制和自我服务等方面的能力明显不足。自主午睡充分挖掘教育契机，为幼儿提供自我服务和自主学习的机会，也为他们顺利适应小学生活奠定良好的基础。

一、案例背景

一天中午起床，名名坐在床上召唤老师："黄老师，你帮我穿一下衣服可以吗？"还没等老师回应，小朋友们叫起来："都是大班的大哥哥了，还要老师穿衣服？""就是，我都可以自己穿毛衣啦！""我还可以自己叠被子呢！""自己的事情要自己做，自己不做永远不会。""名名中午睡觉踢床板都吵到我睡觉了，我都没休息好。""名名上次还将拉链咬到嘴里。""太危险了，不小心吞下去就完了。"……小朋友们你一言我一语地讲述着午睡中发生的事情。通过倾听小朋友们的"吐槽"，我们发现，午睡环节蕴藏着如此丰富的教育价值，于是我们开始思考，怎样在午睡的环节发展幼儿的自主性？午睡的前后有哪些活动可以为大班幼儿顺利过渡到小学生活做好科学衔接？通过思考，我们从“午睡预备曲”“午睡进行曲”和“午睡唤醒曲”三部分有效地促进幼儿发展，帮助幼儿实现幼儿园到小学的平稳过渡。

二、案例实施

（一）午睡预备曲

1. 我的体温我来测

午睡之前的午检是午睡的重要一步，是安全、安心午睡的重要保障。之前，我们的午检都是由老师负责，对幼儿进行体温测量，查看喉咙和精神状况。每次午检时，幼儿对老师测量出的体温特别感兴趣，歪着脑袋看得特别认真，还不停地发问：“老师，我的体温是多少？”于是，我做了大胆的尝试，让幼儿自己来测量体温。第一阶段：我们让幼儿自己测量体温，并大声读出自己的体温，老师进行记录。幼儿在关注自己体温状况和身体状况的同时，了解数字在体温计中的呈现形式及所代表的意义。第二阶段：在幼儿熟练掌握了测量体温的步骤后，结合大班下学期幼儿对文字符号产生的浓厚书写兴趣，我们让幼儿自己测量体温并进行记录。幼儿在记录的时候，老师关注他们的握笔姿势和正确的运笔技能（图6–2–1）。

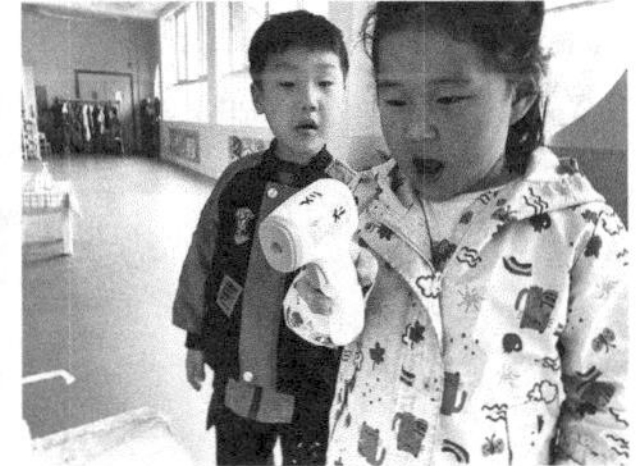

图6–2–1　自主测量体温并记录

2. 小班长，大能量

为了培养幼儿的责任意识和任务意识，实现午睡的自主管理，我们在午检环节设立了“小班长管理制”，提高幼儿的自我管理能力。我们和幼儿共同讨论，确定“小班长”的职责：①负责督促幼儿睡前如厕，养成睡前如厕的好习惯；②负责提醒幼儿注意安全，不要带小物品进寝室，不要站在床上脱衣服，等等，提高幼儿的安全意识；③负责检查幼儿的衣物和鞋子是否摆放整齐。第一阶段：我们采用轮流的方式，让每个孩子体验当小班长的自豪感，熟悉班长的职责，培养他们的责任感；第二阶段：我们采取竞聘的方式，选择午睡能自主管理、自我约束的幼儿担任“小班长”，通过竞争的形式让幼儿将午睡的规则内化于心（图6–2–2）。

图6–2–2　小班长履行职责

（二）午睡进行曲

1. 衣服裤子叠整齐

幼儿进入小学后，老师更多的是关注孩子的学习技能等，在生活方面，需要幼儿高度自理。然而，现在的家长更多的是关注幼儿的生长发育、学习能力等，对生活自理方面的培养是忽视的。为了提高幼儿的自理能力，我们除设置专门的生活教育活动外，还利用午睡环节，让幼儿自己叠衣服、裤子和袜子等，给幼儿充分的练习机会。第一阶段：鼓励幼儿自己动手将自己的衣服叠放整齐，鞋子放在固定的地方；第二阶段：引导幼儿将衣服叠整齐后按穿衣服的顺序分类摆放。在整理衣服的同时，学会合理规划安排事务，节约时间（图6–2–3）。

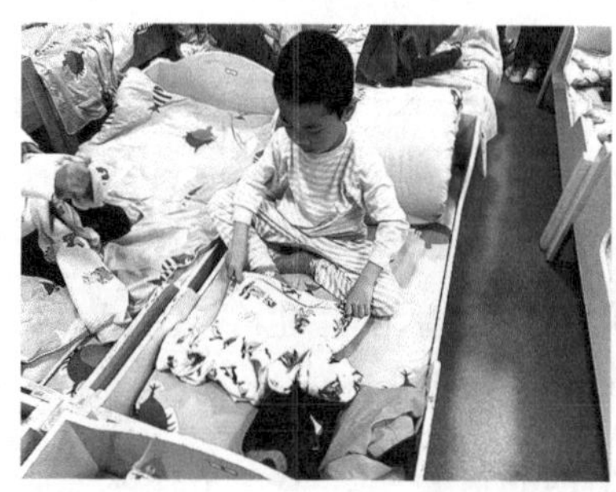 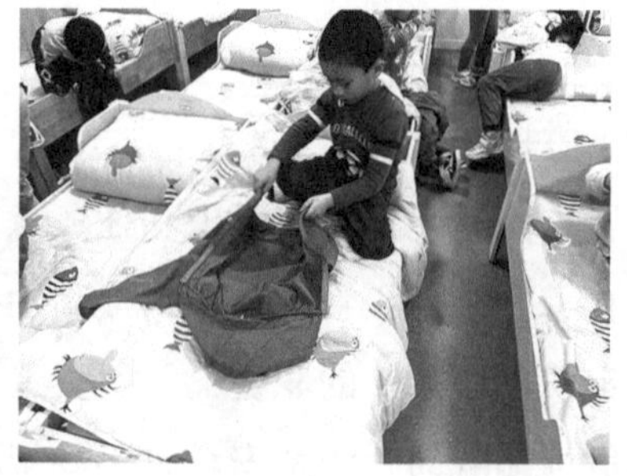

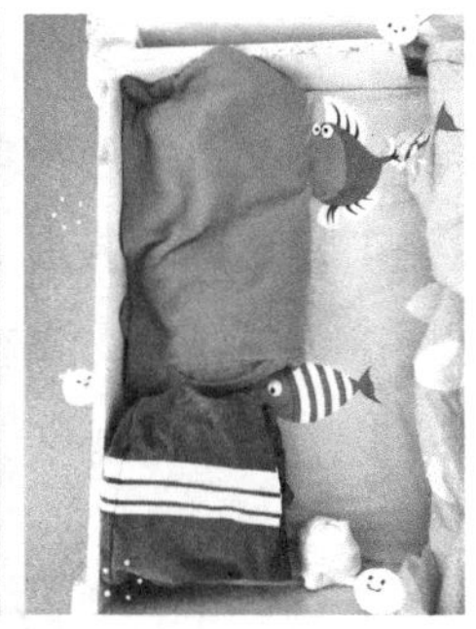
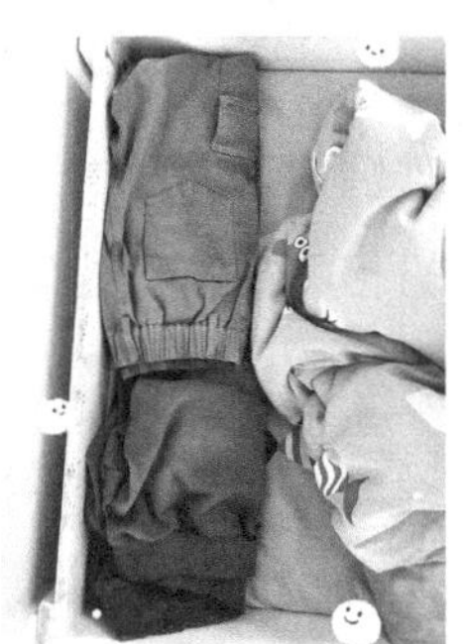

图6–2–3 叠放衣服

2. 小喇叭讲故事

《教育部关于大力推进幼儿园与小学科学衔接的指导意见》在发展“学习兴趣”的教育建议中指出：培养幼儿的倾听和表达能力。90%幼儿在家都有亲子阅读和听睡前故事的习惯，睡前故事能够帮助幼儿尽快地安静下来，还可以培养幼儿的倾听能力，丰富幼儿的知识面，激发幼儿的阅读兴趣等。因此，我班在午睡环节开展了睡前讲故事活动。第一阶段：老师收集幼儿感兴趣的故事，用轻柔的声音讲故事。讲完故事道一声“午安，祝小朋友们做一个好梦”，幼儿开始午睡。第二阶段：大班下学期，随着幼儿阅读能力和表达能力的提高，他们也想来讲睡前故事，于是我们创设了“小喇叭讲故事”活动，幼儿想分享故事，可以提前一天在“小喇叭讲故事”预约栏预约，在第二天的午睡时进行讲述（图6–2–4）。

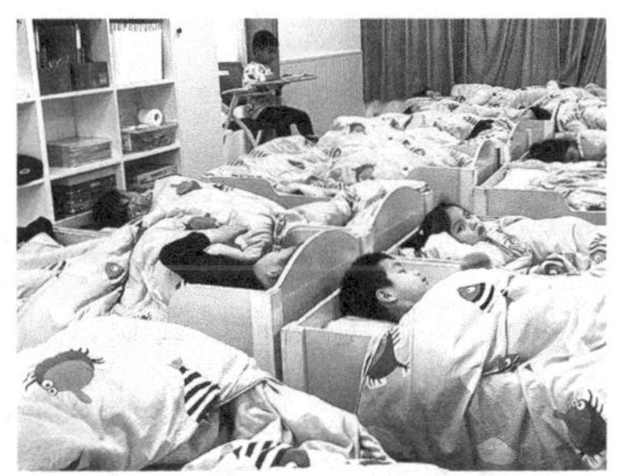
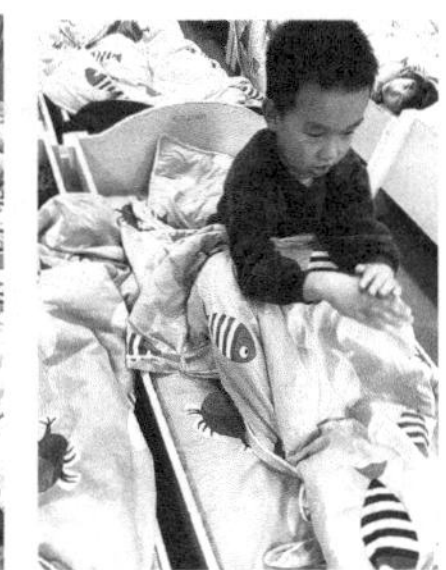

图6–2–4 幼儿睡前讲故事

3. 自我管理，安静入睡

蒙台梭利指出：采用种种强迫的手段培养的外表纪律，完全是虚假的，而且是不持久的。真正的纪律是积极的、活动的、内在的和持久的，而不是消极的、静止的、被动的、外表的和暂时的。午睡环节是发展幼儿自控能力的良好时机。我们通过开展谈话活动、绘本故事及小班长竞聘制帮助幼儿理解午睡时的相关规则，让幼儿在午睡时懂得控制自己的行为，努力做到快速午睡，尽量不影响他人，等等（图6-2-5）。幼儿起床后，教师对幼儿的午睡进行评价，让幼儿感受到自己的进步，树立控制自身行为的信心。

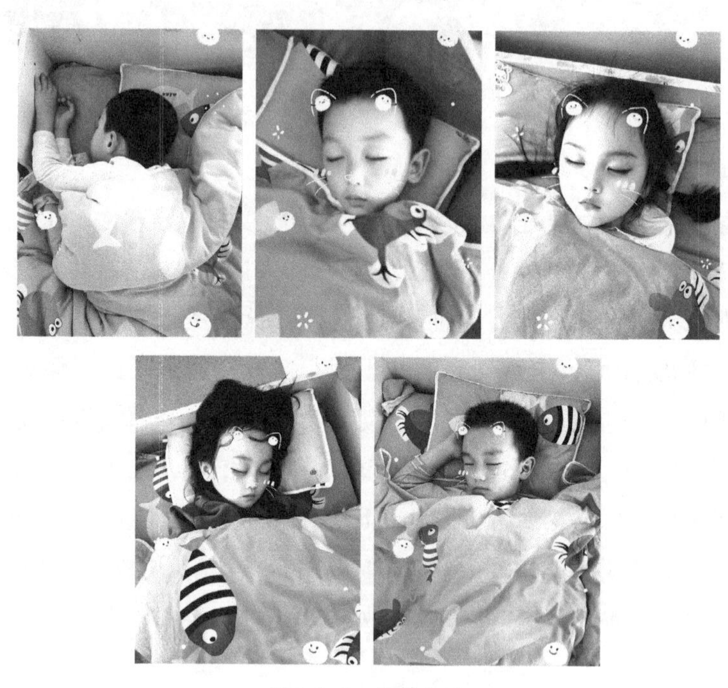

图6-2-5　安静入睡

（三）午睡唤醒曲

1. 音乐唤醒

起床时分，对于那些睡眠少的孩子来说，当老师拉开窗帘的那一刻起，他们就会满血复活，欢呼雀跃地快速穿好衣服，整理好床铺，然后去活动室做自己喜欢的事情。而对于另一些孩子来说，起床是困难的、悠闲自在的。老师催促一下，他们动一下，不催促，有的就坐在床上发呆，有的和旁边的同伴聊天。面对这种情况，我们调整了唤醒方式，用音乐来唤醒幼儿。熟悉又欢快的起床音乐能够帮助幼儿快速清醒，幼儿还可以在欣赏音乐的过程中感知时间的流逝（图6-2-6）。冬天，幼儿穿的衣服相对较多，我们给幼儿两首音乐的时长穿衣服；夏天，幼儿穿的衣服较少，我们给孩子一首音乐的时长穿衣服。能够在音乐结束前穿好衣服的幼儿可以在室内自主游戏的时候先选择材料。通过音乐欣赏给了孩子一个具体的时长，感受时间，树立时间观念，养成守时、不拖沓的好习惯。

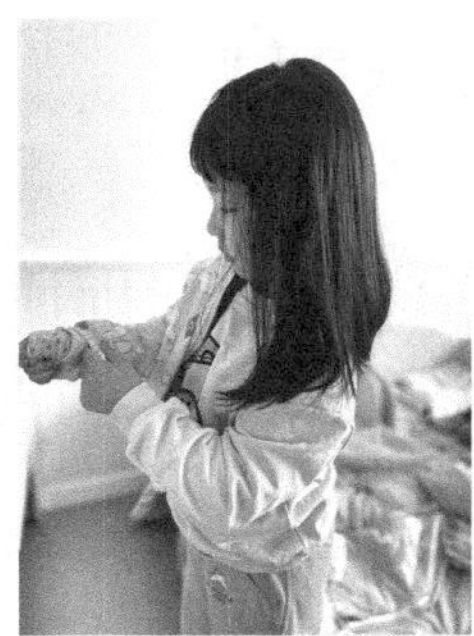
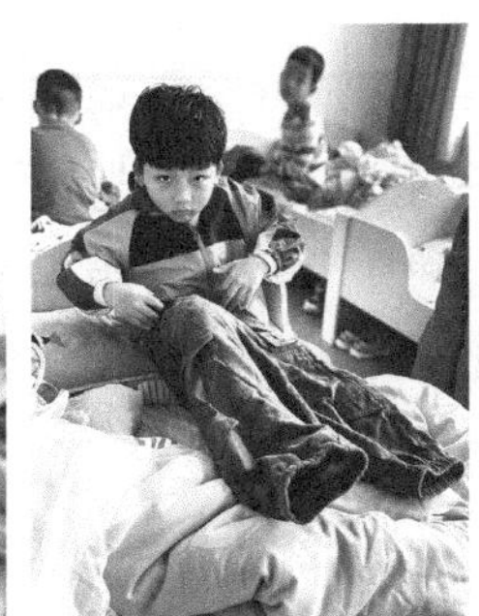

图6-2-6 音乐中穿衣服

2. 整理床铺我最行

较强的自理能力有助于幼儿做好入学后学习和生活的自我管理和服务，增强独立性和自信心。我们通过集体教学“我会叠被子”和叠被子比赛等活动，让幼儿学习叠被子，提高幼儿的动手能力，并鼓励幼儿自己的事情自己做，每天起床后自己叠被子，整理床铺，提高幼儿的自理能力和自我管理的能力（图6-2-7）。

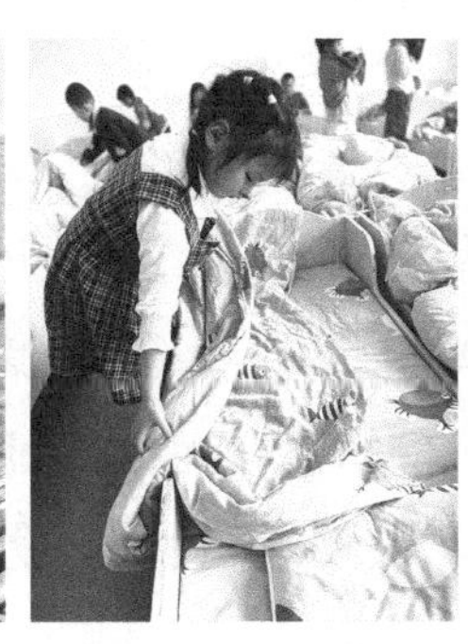
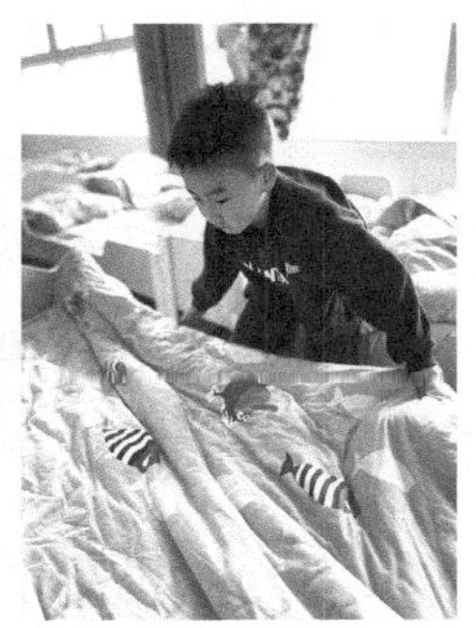

图6-2-7 整理床铺

三、案例启示

通过对午睡三部曲的研究探讨、组织和实施，我们深刻体会到，一日生活各环节都有可以挖掘的教育契机，不要忽略一日生活的任何一个环节，同时，午睡环节的“放手”，让我们看到了不起的儿童。

（一）给予幼儿动手机会，提升幼儿生活自理能力

在案例实施的过程中，孩子自己叠衣服、叠被子、整理床铺，保障了幼儿自己动手的机会，孩子在一次次的动手操作中提升了生活自理能力，养成良好的午睡习惯，为小学学习生活打下了坚实的基础，增强了孩子的独立性和自信心。

（二）“管理角色”亲身体验，加强幼儿自我约束

自控能力是指以理性来控制自身行为的能力，是对自身行为的一种克制。教师在平时的午睡管理中，都是以权威的形象牢牢把控着孩子的行为，要求“不准这样”“不准那样”等等。自从设立了小班长一职后，通过不同的角色体验，让幼儿在管理他人的过程中理解午睡的意义和规则，从而将规则内化于心，真正做到自我控制。

（三）时刻关注幼儿发展，增强幼儿学习能力

通过我的体温我来测，让幼儿关注到自己体温的变化和数字在不同地方所表示的意义，在记录中感知文字符号在生活中的意义，激发幼儿的前书写兴趣。通过小喇叭讲故事，为幼儿提供讲述和表达的机会，培养倾听和表达的能力。

四、教师反思

1. 家长是教师的合作伙伴，是幼儿的第一任老师，我们应充分调动家长的积极性，让家长参与到幼儿自主管理培养的过程中来，重视起幼儿自理能力的培养，使家庭教育和幼儿园教育保持一致，形成合力，共同促进幼儿自主性发展。

2. 尊重幼儿的个体差异性、特殊性和独特性，可以进行大班幼儿自主午睡的个案研究。

阅读案例：乘着图书去漂流

大5班教师　朱丽莉　杨丽华

《幼儿园入学准备教育指导要点》中提出：根据幼儿的阅读兴趣和活动需要提供和更换图书，并给予幼儿充足的阅读时间。鼓励幼儿自主阅读，保护他们对符号、文字的兴趣和敏感性。同时提出：要有意识地运用文字和符号辅助幼儿记录和总结游戏的过程、想法，感受文字和符号在日常生活中的功能和意义。大班幼儿即将进入小学，幼儿的自主阅读兴趣及能力、前书写的准备在幼小科学衔接过程中发挥着关键性作用。于是我们开始思考：如何营造良好的阅读环境？如何培养良好的阅读兴趣及能力？如何借助于阅读做好前书写的准备？基于班级的实际情况，我们结合园所的“阅读节”进行了实践与探索，从一次图书漂流之旅中，激发幼儿的阅读和书写兴趣，提升学习能力。

一、案例背景

正值幼儿园“春季梦之阅读节”活动开展之际，我们班级进行了“好书推荐”的活动，孩子们积极地探讨着自己最喜欢的图书：“我最喜欢看《昆虫记》，这本书里有很多我感兴趣的昆虫，它们实在太神奇了！”“我要推荐《山海经》，这本书里有很多神仙，他们有非常厉害的本领。”“我喜欢看《西游记》，孙悟空真是神通广大，什么妖怪他都不怕！”“我喜欢看《葫芦娃》，葫芦娃们的本领超大。”……这时，李青阳说：“哇，听起来都好意思！如果我们能互相交换图书就好了。”老师借机抛出了一个问题：“怎样交换你们的图书呢？”于是，孩子们开始讨论起来：

“我们可以将书带到幼儿园里来分享呀！”

“我们可以互相交换图书，你看我的，我看他的。”

“如果每个人都想看同一本书的话，我们还可以轮流看。”

根据幼儿的建议，“图书漂流记”活动应运而生。

二、案例描述

（一）图书漂流之旅

1. 图书漂流准备

幼儿根据自己的兴趣爱好，精心挑选最喜欢、最想分享的图书到幼儿园，在封面写上自己的学号与姓名，做好标记。书籍的种类繁多，如故事书、科普书、通识教育等，小伙伴们互相介绍图书的名称及内容，做好图书漂流准备（图6–2–8）。

图6–2–8　幼儿介绍图书

2. 图书漂流公约

萱萱脸上露出了隐隐的担忧，小声地嘀咕：“这是我最喜欢的图书，要是弄坏了可怎么办呀，我会好伤心的！”萱萱的话引起了孩子们激烈的讨论。最后，在大家的共同决定下，幼儿开始了“图书漂流公约”的制定。他们通过符号、文字、图画等形式进行呈现，具体内容为：①爱护图书，保持图书整洁和页面完整；②借阅时间：每周一借阅，每周五归还，其间可带回家与爸妈一起亲子共读；③借阅数量：一次只限借阅一本；④及时登记与记录（图6–2–9）。

图6-2-9　幼儿制定的“图书漂流公约”

3. 图书漂流管理

“图书如何在班级进行漂流呢？”“我们怎么有序交换图书呢？”“我们怎样选到自己喜欢的图书呢？”带着这样的疑问，孩子们展开了新一轮探讨。

浩浩：我们要有一张表，上面有书的图片和名字。

萱萱：我们可以像图书馆里一样，登记名字，有借有还。

青阳：写在纸上，借书的时候要签上自己的名字。

科科：还书的时候要记得做记号。

东东：我们可以打钩。

于是，大家根据讨论的结果一起设计了图书漂流计划书，以便更加快捷、高效地选取图书（图6-2-10）。

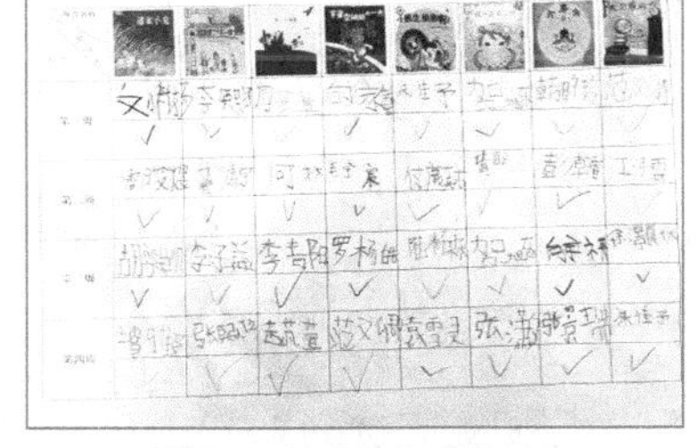

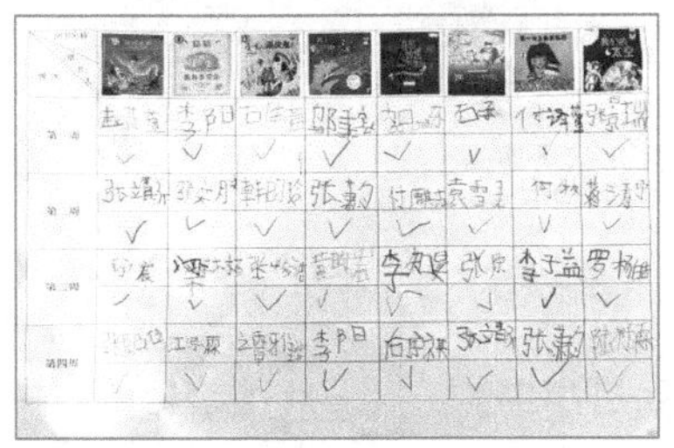

图6-2-10　幼儿设计图书漂流管理登记表

4. 小小班级图书馆

琳琅满目的图书挤满了整个教室的空间，那“怎样分类陈列”是一件迫切需要解决的事情。经过讨论，将“班级图书馆”设置在教室后面舞台的右侧，并在空旷的地面铺上海绵垫；将图书按照科普读物、历史故事、国学绘本、人物传记、童话故事、通识教育等进行合理分类、整齐摆放，并进行了编号与排序，一目了然，一切准备就绪（图6-2-11）。

图6-2-11　班级图书馆

5. 小小图书管理员

与此同时，“班级图书馆由谁负责管理？”也值得思考。经过幼儿商量决定，设置班级“图书管理员”，大家按学号轮流值守。图书管理员负责借阅书籍的登记，负责图书的整理与清查，并通过同伴介绍、个别交流、向老师请教等多种方式，尝试认识书名，以便幼儿能更好地胜任管理工作，保证图书漂流活动有序进行（图6-2-12）。

图6-2-12　小小图书管理员

6. 我是小书虫

餐后环节，孩子们纷纷前来借阅图书，兴趣盎然地根据自己喜好选择图书。借阅时，有人惊喜地叫道：“我终于拿到了！”“我早就想看这本书了！”孩子们在借阅表上登记好日期、姓名，便开始津津有味地自主阅读起来。有的坐在垫子上看书，有的靠着墙角看书，有的坐在椅子上看书，他们时而专注，时而交流讨论，教室里散发着浓浓的书香气息（图6–2–13）。

图6–2–13 小书虫们借阅图书，认真阅读

（二）亲子阅读之旅

幼儿园的自主阅读时间即将结束，朱佳予却说：“这本书好好看，我还没看完，可是我还想看呀，怎么办呀？”图书管理员安慰她说：“没关系，可以带回家继续看。”

幼儿将借阅的图书带回家后，开启了温馨的亲子阅读时光。对于孩子而言，最美好的时光莫过于在爸爸妈妈的怀抱中听故事、讲故事，家长和孩子一起遨游书海，体会理解幼儿的心声，记录幼儿成长的踪迹，不仅有效增强亲子交流，营造良好的家庭阅读氛围，同时，还可让幼儿在潜移默化中形成良好的阅读习惯（图6–2–14）。

图6–2–14 亲子阅读

（三）阅读成长之旅

1. 阅读小笔记

读完一个个小故事后，孩子们会有许多的感受，孩子们通过文字、图画、符号等形式进行故事的表征，把图书中喜欢的人物或故事情节呈现出来，并和爸爸妈妈一起将感受记录在“图书漂流记录表”上，从而提高幼儿的前书写兴趣和能力（图6-2-15）。

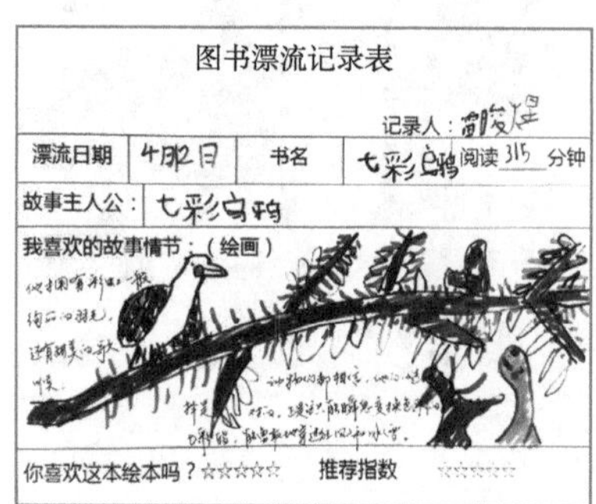
图书漂流记录表

记录人：

漂流日期	4月2日	书名	七彩乌鸦	阅读 315 分钟

故事主人公：七彩乌鸦

我喜欢的故事情节：（绘画）

你喜欢这本绘本吗？☆☆☆☆☆ 推荐指数 ☆☆☆☆☆

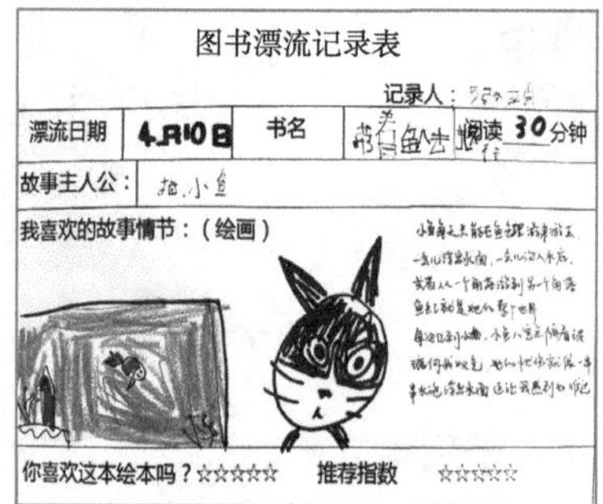
图书漂流记录表

记录人：

漂流日期	4月10日	书名		阅读 30 分钟

故事主人公：

我喜欢的故事情节：（绘画）

你喜欢这本绘本吗？☆☆☆☆☆ 推荐指数 ☆☆☆☆☆

图6-2-15　阅读笔记

2. 故事小电台

随着图书漂流活动的深入开展，幼儿以故事分享的形式展现自己的阅读分享，如一日活动中的过渡环节、午睡环节等有选择性地讲述绘本故事，幼儿都踊跃报名参加“故事小电台”活动（图6-2-16）。其间，幼儿绘声绘色地讲述故事，他们或妙语连珠，或让人捧腹大笑，或让人感动等；语言清晰流畅，极富有童趣和感染力。这不仅让幼儿享受了阅读带来的乐趣和自信，也大大提升了幼儿的语言表现力。

图6-2-16　故事小电台

3. 续编故事

经过为期一个月的图书漂流，幼儿的自主阅读能力明显增强，能根据图书中的部分情节或图画进行故事创编（图6–2–17）。

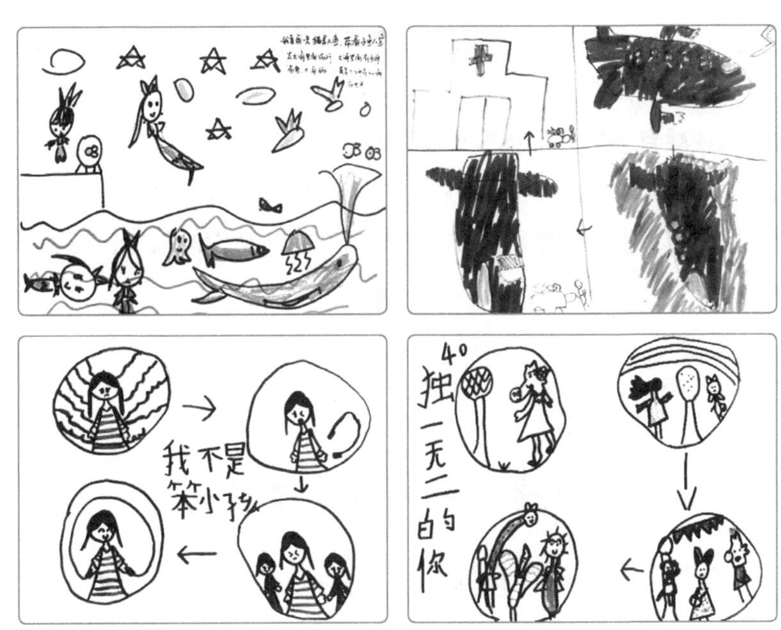

图6–2–17　幼儿自制图画书续编故事

三、案例启示

（一）创设良好的班级阅读环境，培养阅读的兴趣及习惯

营造开放自由的阅读环境是激发幼儿阅读兴趣的前提。幼儿自主管理、自主阅读、自主记录，不断满足幼儿的阅读需求，增强幼儿对文字、图画的兴趣，了解文字的意义，养成良好的阅读习惯。

（二）关注幼儿的发展，注重幼儿的多元表达

在“图书漂流”的活动中，从公约的制定、阅读笔记的记录、故事分享等方面，有效地锻炼了幼儿对图画的理解能力、语言表达能力和前书写技能，形成独立思考、善于发现的品质，并逐步具有一定的规则意识，为未来的小学学习生活创造有利的条件。

（三）推动家园合作，双向奔赴共育

高质量的亲子阅读对幼儿的阅读兴趣、阅读习惯及能力等有着十分重要的影响。通过“亲子阅读打卡”活动、“阅读小笔记”的记录等，充分发挥家长在“图书漂流记”活动中的作用，促进幼小衔接中的家园协作，增强家长在幼小衔接过程中的参与度和主观能动性，有意识地从阅读习惯、前书写准备等方面做好幼儿入学准备。

（四）抓住教育契机，助推专业发展与成长

教师需善于观察幼儿周围的话题与兴趣，抓住日常的教育契机，结合新的教育理念，从一日活动中剖析与反思，挖掘日常活动中的教育价值，敏锐地捕捉教育契机。

游戏案例：大吊车 真厉害

大5班教师　姚沣桐

一、案例背景

（一）吊车搭建计划的产生

男孩们对“车”的兴趣浓厚，经常开展与之相关的主题游戏，如赛车比赛、搭载乘客、运输物品，等等。螺母材料因其丰富的可变性深受孩子们的喜爱，也激发了孩子们对建构的兴趣和热爱，大班幼儿在户外游戏活动中已经有了一定的合作能力，基本掌握平铺、架高、围堵、连接等搭建技能。幼儿曾合作完成了双人自行车、滑板车等作品。有一组幼儿对吊车的模型特别感兴趣，发现螺母区里刚好有挂钩、麻绳等材料，于是，有了以下对螺母区游戏的深入探索。

（二）游戏材料

S形钩子、手拉篮、5孔长板、直角板、螺母、3孔短板、麻绳、轮子等（图6-2-18）。

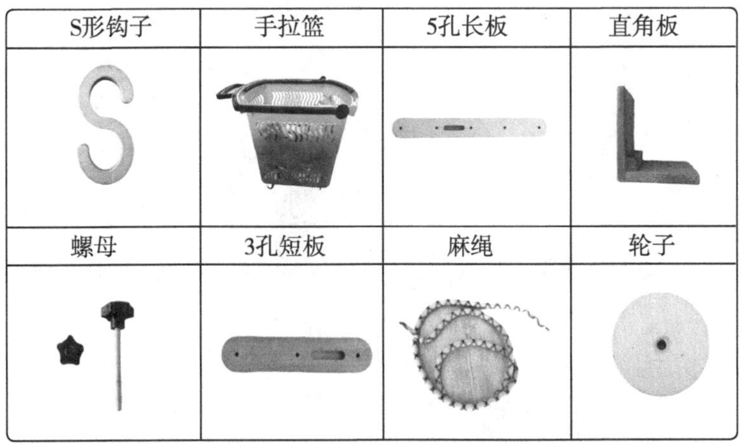

图6-2-18　游戏材料

（三）环境创设

宽敞的室内活动室。

（四）教师预期

（1）根据活动计划，通过同伴合作共同完成搭建作品。

（2）能积极主动想办法解决活动中遇到的问题。

（五）游戏规则或玩法

游戏中孩子根据自己的意愿设定游戏人数、游戏规则及玩法。

二、案例过程

1. 组装吊车

周一上午，是我们班的螺母区游戏时间，椿来、瑞瑞、烨子三人约好一起合作组装吊车。椿来在吊车的吊臂上穿吊绳，瑞瑞在寻找代替吊钩的材料，找到了一块S形的木板，开心地对椿来说："椿来，这个是'钩子'。"（图6-2-19）烨子拿来一块一样长的板子比画着说："这边还要架一个！还要一个，绳子就可以连起来了。"（图6-2-20）椿来回答说："先把右边的吊臂固定好。"椿来摸索了很久系绳结的办法，还时不时调整着绳子的长短是否一样。由于木板太重，导致椿来的螺丝拧不紧，重木板很容易就倒下来，于是瑞瑞自发地上前帮忙扶着吊臂（图6-2-21），烨子又回到吊车的另一边与椿来同时搭建吊车的吊臂（图6-2-22）。

图6-2-19 瑞瑞寻找到代替吊钩的材料

图6-2-20 烨子比画着再架一个吊臂连接绳子

图6-2-21 瑞瑞帮椿来扶着吊臂

图6-2-22 椿来和烨子同时搭建吊车的吊臂

教师的思考：由于长木板太重，椿来固定吊臂很吃力，瑞瑞观察到这个情况及时上前帮忙。瑞瑞找到了能代替吊钩的材料，烨子也在积极配合椿来搭建另一边的吊臂。孩子们围绕“车的类型”设计车的构造，搭建的零件需要哪些？吊车的主体吊绳如何调整？三人根据对吊车构造的了解，选择适合的基础材料调整它的高度、长度、适宜性。

2. 初次试吊

椿来穿好吊绳后坐上了车，对座位的空间和吊绳进行了调整，烨子在帮忙检查钩子上的绳结是否捆紧了（图6-2-23），椿来急切地想试用绳索是否可以拉扯，催促道：“快点，快点！”在吊车基本完成后，发现钩子能够上下自由地拉扯了，他们进行了第一次吊绳的尝试。烨子找来一块长板挂在了吊钩上，在吊上去的过程中，突然，吊绳的接头松开了！孩子们表现出了沮丧无奈的表情与语气：“哦豁！”（图6-2-24）他们并没有因为绳索断开的失败而放弃，而是马上寻找原因，瑞瑞左右观察绳子，烨子将板子放了下来，四处寻找其他的物品。孩子们向我求助：“老师，怎么办呢？”我微笑着说：“再想想看，什么方式能让绳索更稳固呢？”

图6–2–23　椿来对座位的空间和吊绳进行调整

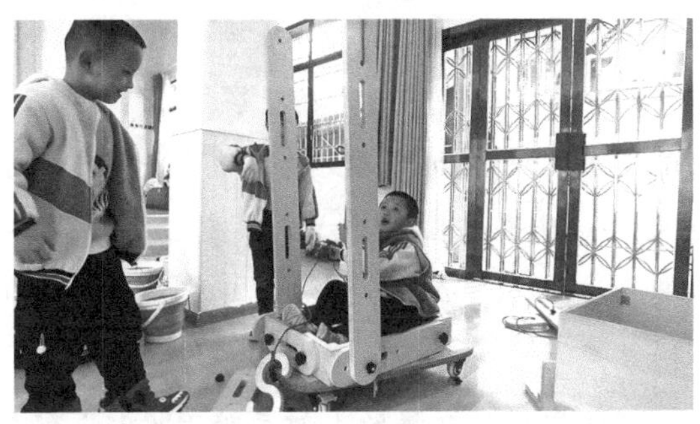

图6–2–24　吊绳在吊长板时接头松开了

教师的思考：游戏开始进入“自主探究”。吊车的主体是吊钩与起重机，孩子们尝试调整“绳索的长度”与“车的承重力”来判断吊车的搭建是否成功。实践发现，吊绳绑得不太牢固，容易掉落。当发现孩子们尝试用重木板时，我会靠近观察，随时加以保护，防止他们受伤。游戏中孩子们的吊绳绑得太松脱落后求助我，我相信他们可以依靠自己的能力解决问题，选择等待没有介入，鼓励他们再想想办法，老师的不介入也是对孩子最适宜的支持。

3. 第二次试吊、试驾吊车

他们三人讨论了一番，椿来跟烨子说：“可能吊臂没有支架不稳定，之前吊的东西太重了，找个轻一点的挂上。”最后他们决定按照之前的方法重新连接了吊绳，为了保险起见，三个孩子合力拉紧了绳结。第二次吊绳的尝试，他们选择了一块S形的小钩子挂在吊绳上，重量比之前的长板要轻很多，第二次起吊成功了（图6–2–25）！吊车顺利出发，椿来坐在车上控制吊绳，瑞瑞和烨子负责对吊车做出牵引和调整（图6–2–26）。

图6-2-25　第二次起吊成功了

图6-2-26　吊车顺利出发

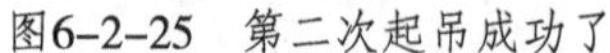

教师的思考：孩子们开始思考并实践判断游戏中的问题，如："吊车的绳索打的结不牢固，如果东西掉下表示不能承受那么重的物体。"孩子们根据自己的实践操作有了辨识能力。在游戏中，我观察到3名孩子都想亲自操控吊车，但是椿来一直坐在吊车上，瑞瑞和烨子没能体验驾驶吊车的乐趣，脸上露出遗憾的表情。游戏结束后，孩子们画了游戏故事表征（图6-2-27），我在游戏故事分享环节一边播放视频，一边引导孩子们思考。"现在的吊车还有哪些方面可以改进呢？"椿来说："吊车的吊臂不能承重，需要用一个稳定的支架固定。"我追问道："那你觉得什么样的支架更稳固呢？"椿来说："我上次看到工地上的吊车有个三角形支架，下次我想试试三角形的支撑力。"我赞同地点点头，表示支持。瑞瑞接着说道："我也想坐上吊车，看看开吊车是不是很帅！可是座位太小了，只能乘坐一个人。"烨子接着说："对对对！我也想坐。我们吊车的吊钩也不结实，不能吊太重的东西，吊绳会松掉的。"（图6-2-28）我接着引导他们："那你们有什么好的方法解决这两个问题呢？"孩子们讨论后纷纷说："我们不要之前的小拖车底座了，重新搭一个宽宽的座位，让三个人都能坐上去。""对！就这么决定。还要学习绑吊绳的方法，之前那个绑的方法太容易脱落了，要绑一种特别结实的。"我点点头说："你们的解决方案听起来都不错，那我们回家一起查找、学习绳索的打结方式吧！"图6-2-29为椿来在家学习打绳结。

图6–2–27　椿来的游戏故事表征

图6–2–28　烨子游戏故事分享

图6–2–29　椿来学习绳索打结的方法

4. 可多人乘坐的吊车

在这一次的游戏开始前，椿来制订了游戏计划（图6–2–30），寻找游戏伙伴。由椿来组队，同伴烨子和瑞瑞依旧协助椿来，大家决定根据之前的经验再次改造吊车。3人经过仔细对比，找来三块五孔长板放在地上平铺开，椿来指挥瑞瑞："再拿三块短板过来。"他们把三孔短板横铺在五孔长板上，大家一起用螺母固定，不一会儿，吊车的底座就安装好了。接下来安装吊车的轮子，椿来首先挑选了一个黑色的小轮子装在底座上。这时发现了一个问题，连接底座的直角板比轮子大，椿来提出疑问："轮子不能着地怎么办？"（图6–2–31）他一边扭动着轮子，一边观察着四周。烨子马上提出："那边还有大轮子。我去拿！"烨子提着一桶大轮子，大家果断地把小轮子拆了，在大家一抬一提的流畅动作下，大轮子换好了。安装好第一个大轮子，椿来让小伙伴将车子放下，没装轮子的三个角由小伙伴们轻轻抬着，在观察到轮子稳稳地在地面上滚动时，椿来激动地喊道："能滚动！下一个！"大家用同样的办法快速安装了吊车的另外三个轮子。安装好后，椿来进行轮子松紧的检查工作，推动车子观察车轮的动向，瑞瑞坐上车检验车座的承重力，填写了座椅承重力的实验结果统计表（图6-2-32、图6-2-33）。

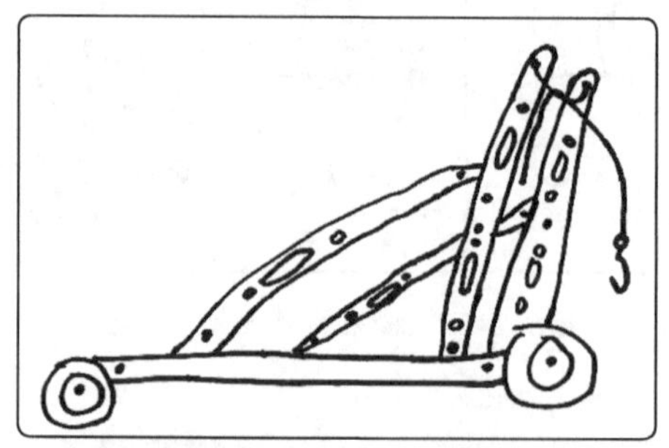

图6-2-30　椿来的游戏计划

图6-2-31　发现小轮子不能着地

图6-2-32　测试吊车底座的车轮滚动和承重

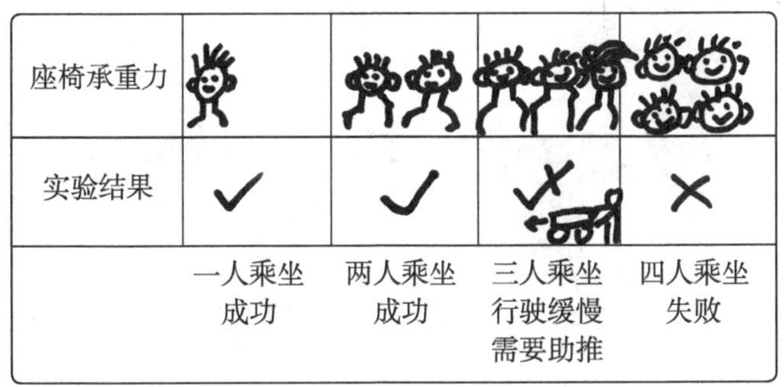

座椅承重力				
实验结果	✓	✓	✓	×
	一人乘坐 成功	两人乘坐 成功	三人乘坐 行驶缓慢 需要助推	四人乘坐 失败

图6-2-33　吊车座椅承重力的实验结果统计表

教师的思考：游戏随着幼儿的兴趣不断地深入，面对新的挑战，幼儿迎难而上，充分体现出大班幼儿乐于尝试、勇于挑战的心理特点。面对之前吊车只能乘坐一人的问题，幼儿选择用螺母将长板组合在一起，使其变成能三人同时乘坐的吊车底座；面对车轮小不能着地的问题，幼儿选择调整小轮子为大轮子；面对车轮转动费力的问题，他们探索发现需要把螺帽拧松一点轮子才易转动。几位幼儿不断地发现问题并逐一成功解决。

5. 可吊重物的吊车出发啦

大家开始固定吊绳，在上一次绳结疑惑中，椿来学习了打结的方法，运用“一弯一拧一穿”的方法（图6-2-34），椿来很快打好了一边绳结，瑞瑞想帮助椿来打绳结，椿来看到后立马拉过绳子制止了瑞瑞：“打结不能太松，要拉紧一点。”他将绳子一端拉紧后找到绳结该打的位置。上一次游戏故事分享，椿来提出了吊臂使用三角形支撑固定的想法，大家对吊车进行了调整，椿来找来一块短板把两边吊臂和底座进行了连接，形成了三角形支架（图6-2-35），瑞瑞给吊钩挂了两个短木板，让烨子试着拉起吊钩，吊车成功吊起重物了！（图6-2-36）椿来找来了一个吊篮，三人坐上吊车，用脚慢慢挪动着车子使吊车前进，吊车挂着吊篮，运输着安全帽给工人送去（图6-2-37）。游戏后，孩子们继续进行了游戏故事表征和分享（图6-2-38）。

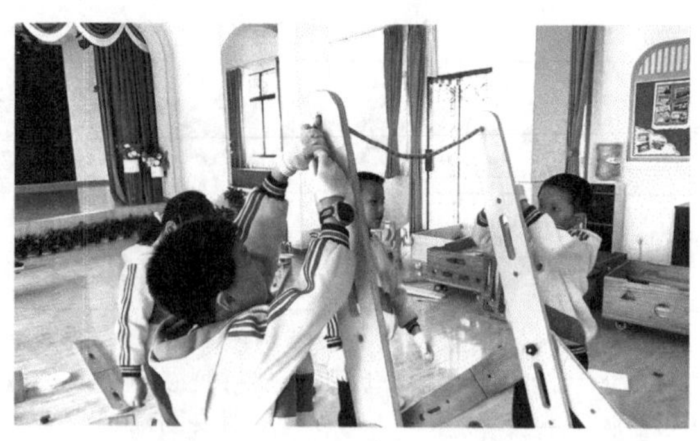

图6-2-34　给吊绳打绳结固定

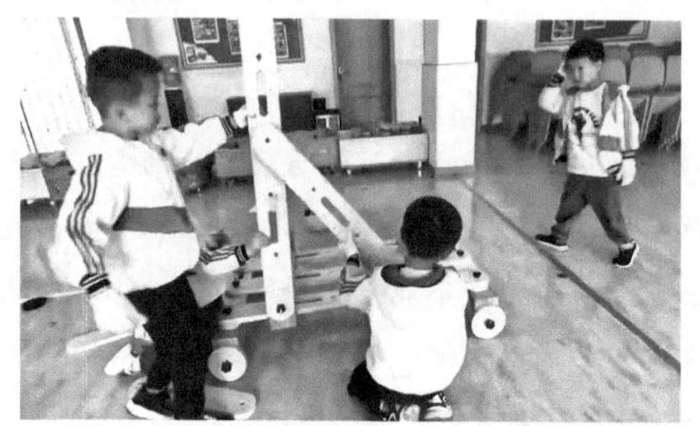

图6-2-35　给吊臂固定三角形支架增加承重力

起吊承重力			
实验结果	✓	✓	✓
	一块三孔板成功	两块三孔板成功	手拉篮+10个安全帽成功

图6-2-36　起吊承重力的实验结果统计表

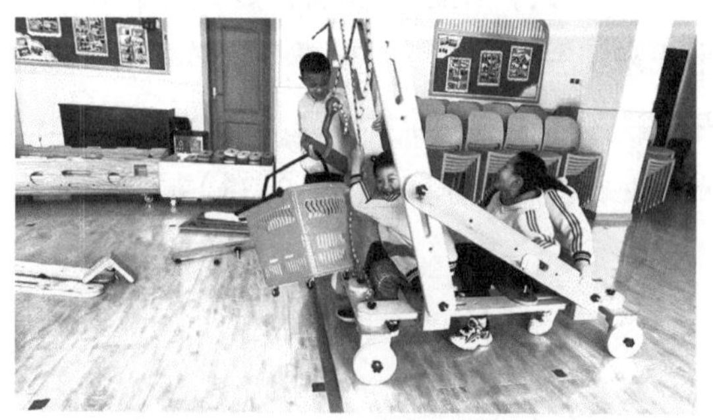

图6-2-37　三人乘坐吊车出发啦

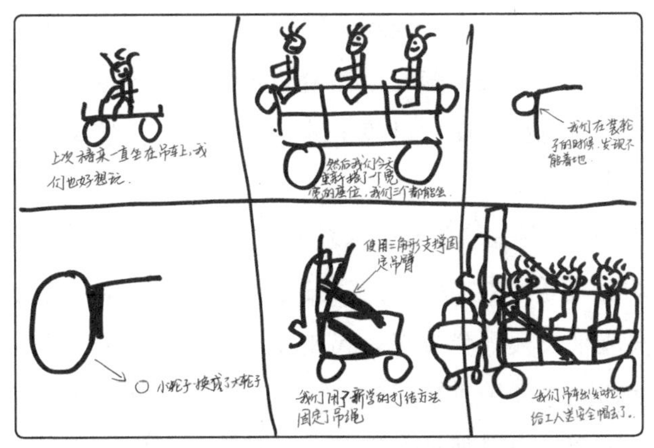

图6-2-38　瑞瑞的游戏故事表征

教师的思考：前期的吊车搭建经历，让幼儿积累了关于三角形支撑的稳定性以及哪种打结方式不易脱落等方面的经验，他们解决问题的速度越来越快，得益于他们的迁移经验以及齐心协力。几位幼儿在场地上进行着安全帽的搬运工作，享受着成功搭建吊车带来的欢愉，也体验到了坚持探索、克服困难的成就感。

三、案例启示

大班游戏“吊车”是幼儿在自主交流中生发的，教师充分尊重了幼儿的意见和想法。由组装吊车→第一次试吊→第二次试吊、试驾吊车→可多人乘坐的吊车→可载重物的吊车出发啦，三名幼儿运用螺母材料组装，在原有的基础上对吊车不断改造、升级，形成了幼儿的多元发展。无论是游戏前的计划还是游戏后的游戏故事分享，孩子们都是有目的、有计划地进行游戏，表现出极强的自主探究能力。从看到说、从画到验证的这一系列过程，真正地做到了把问题教给孩了、把解决问题的机会还给孩子，休现了以儿童为本，并相信孩子是有能力的学习者。

（一）案例启示与反思

1. 自主探究，获得发现与解决问题的契机

纵观整个游戏过程，孩子们遇到重木板倒下、绳结脱落、只能一人乘坐、吊臂承重差等问题，想出了同伴帮扶、尝试绳结的新打结技巧、搭建可多人乘坐的座位、三角形吊臂支架固定等多种办法，遇到问题他们能积极思考应对、

不断尝试，在相互合作中一次次地解决问题，终于完成了吊车的搭建，并体验到了驾驶吊车的快乐。解决问题的过程给幼儿提供了充足的发现问题、思考问题、解决问题的学习机会，使大班孩子的合作协商、科学探究、解决问题的能力得到进一步提升。

2. 实际操作，获得认知和社会性的发展

游戏中，幼儿能够根据游戏的需要选择合适的材料。支架的搭建过程中烨子和瑞瑞每次取来长板都会放在一起比较长短，发现长度不同会送回去再取一块，直至长度相同才开始拼接固定；搭建时需要规划搭建顺序和需要用到材料的数量，他们三个人一直都是按需取物，旁边没有堆积多余的材料；在给吊臂系吊绳的环节，椿来能感知两侧绳子的长短对起吊水平的影响，发现长度不同时会调整长度重新打结；认识到2块5孔长板建的支架不稳定、容易倒，便给每个支架底部安装三角形支架固定，让支架的稳定性和承重性得到了极大的增强。整个游戏过程对于幼儿的构思、预见、规划等能力的发展都是很好的锻炼，同时为了完成“吊车搭建”的共同目标，他们分工合作，有的拿材料，有的全程“托举、扶着”，有的负责指挥搭建，合作协商等社会技能在潜移默化中得到了锻炼，促进了幼儿的社会性发展。

3. 坚持不懈，养成良好的学习品质

在搭建吊车的游戏中，他们围绕“吊车”进行了一系列的探索、实验活动，并通过记录、统计和绘画表征的方式加以总结、梳理、反思，在他们身上体现出了较好的坚持性和专注性。同时，幼儿大胆地尝试将低结构的螺母积木进行创造性的组合，再现生活中的吊车，表现出积极主动、敢于尝试的良好学习品质，发展了幼儿的想象力、创造力。

4. 适时介入，引导幼儿解决问题

只有适宜的指导才能推进游戏高质量发展，整个游戏中，只有孩子不会打结向老师求助，教师才开口鼓励孩子自己探索尝试。在游戏后教师及时带领孩子发现游戏中的问题，并引导孩子提出解决方案。教师有意识地提高幼儿解决问题的能力，其他时间教师均为观察、记录、陪伴者，放手让孩子自己去解决问题，体现了“儿童在前，教师在后”“以儿童为本”的教育理念。

附游戏表格（表6–2–1）：

表6–2–1　幼儿在不同游戏阶段遇到的问题、猜想、解决方案及结果

游戏阶段	遇到的问题	猜想	解决方案	结果
搭建吊车	木板总是倒下	木板太重，螺丝也拧不紧	一人抬着木板，另一人拧紧螺丝	成功
初次试吊	吊绳脱落	吊绳的接头松开了	找老师寻求帮助	失败
第二次试吊	吊绳不容易打结，吊臂承重差	吊绳捆得不结实，吊臂没有支架固定不能承重	三人合力拉紧绳结，挂重量轻的物体	成功
试驾吊车	座椅仅够一人乘坐	吊车底座是现成的小拖车，空间很小	椿来坐在车上，瑞瑞牵引吊车	成功
可多人乘坐的吊车	需要解决多人同时乘坐的需求	底座需要更多的容纳空间	选择用长板搭建出宽敞的乘坐位置	成功
	车轮不能着地	车轮轴比车轮大	把小轮子更换成大轮子	
可载重物的吊车	吊臂不能承重，两吊臂之间的吊绳很松	吊臂没有支撑，吊绳没有拉紧	拉紧吊绳后再打结，吊臂的底座用三角形支架固定，增加吊臂的承重力	成功

（二）下一步支持策略

在游戏分享环节，教师组织孩子交流分享总结本次游戏经验，并抛出问题，如：如何改进吊车底座的结构使行驶更加顺畅，了解更多不同的吊绳装置（如：解放双手、简便装置、定滑轮等），抓住游戏中的问题要素将游戏不断推向深入……

陶行知先生曾说过："行是知之始，知是行之成。"小螺母大智慧，幼儿在游戏中反复实践探索，在规划、安装、解决问题、合作分工的过程中，同伴之间讨论、模仿、矛盾、学习，运用了观察、对比、验证等方法，为形成受益终身的学习态度和能力奠定了基础。游戏还在继续，期待幼儿在更多"真游戏"中进行想象与创造。

入学准备案例：茁壮周计划，助力科学衔接

大1班教师　彭婷

幼小衔接是幼儿园和小学教育两个教育阶段平稳过渡的教育过程，是儿童成长过程中的一个重大转折，也一直是备受关注的话题。随着怀化市幼儿园双项实验的开展，越来越多的家长深入地了解了游戏对于孩子的意义，家长们也更愿意配合我们了。于是，我便开始思考，怎样帮助幼儿尽快地适应小学生活？老师可以做些什么？我们的班级可以做些什么？带着这样的思考，我们结合实际情况进行了班本实践与探索。下面，我将从说“茁壮”之由、踏“茁壮”之路、结“茁壮”之果、回“茁壮”之味四个方面阐述我的分享——“茁壮周计划，助力科学衔接”。

一、案例背景——说“茁壮”之由

为进一步帮助幼儿做好入学准备，我以集体活动、游戏活动、生活活动为切入点，对标《幼儿园入学准备教育指导要点》，围绕身心健康、生活自理、社会适应、学习品质等方面进行了“茁壮周计划”的架构（图6-2-39）。希望通过这个活动，能帮助小朋友勇敢、自信地踏出迈向小学的第一步，实现幼儿园到小学的顺利过渡。于是，“茁壮周计划”便应运而生了。

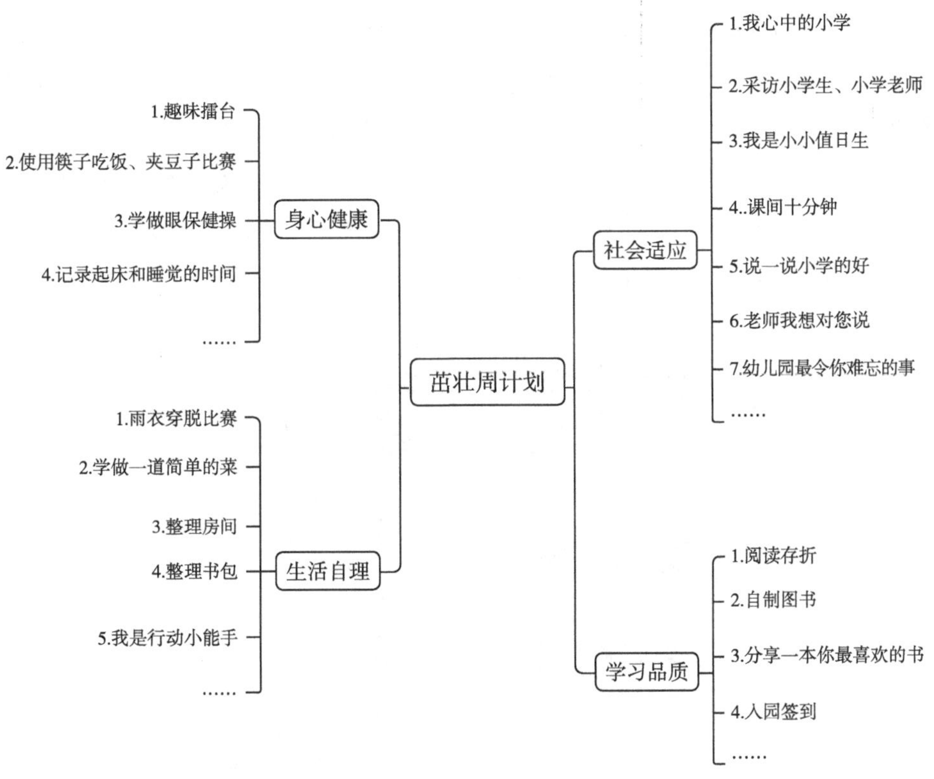

图6-2-39 “茁壮周计划”的架构

二、案例实施——踏“茁壮”之路

心中有方向，脚下有力量。我们和孩子共同讨论，一同制定每周“三个一”的小任务，通过家园合作的形式共同陪伴幼儿完成。孩子们在制订计划、积极参与、努力达成任务的过程中不断提高入学适应性（图6-2-40）。

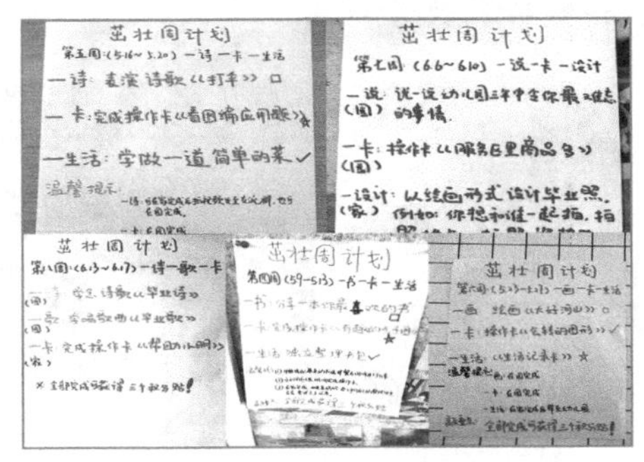

图6-2-40 茁壮周计划

（一）身心健康——运动强体质　秀出我风采

为激发幼儿对体育活动的兴趣，培养良好的运动习惯，提高运动技能和身体的协调能力，我们在茁壮周计划中设计了趣味擂台的任务。小朋友和家长一起设计挑战卡，选择自己喜欢的运动向其他小朋友发起挑战（图6-2-41）。在趣味擂台的比拼中，孩子们不仅收获了勇敢、坚毅、自信，还增强了体质和意志力，同时也发展了动作的协调性和灵活性。

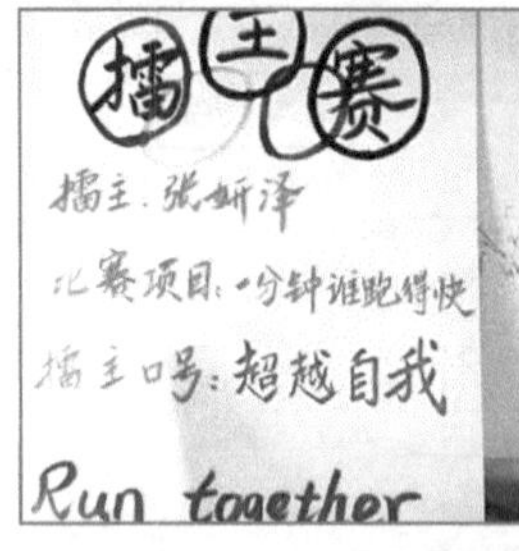

图6-2-41　幼儿设计的挑战卡和趣味擂台比拼

（二）生活自理——人小本领大　自理我最棒

游戏是儿童的天性，生活是教育的源泉。在一次午睡前，看到小朋友的床头摆放着叠得整整齐齐的衣服，我不禁夸赞“你们的小手可真巧”。在孩子们热烈的回应下，我们共同决定在茁壮周计划中开展整理小书包、扎头发、学做一道菜等自理任务（图6–2–42、图6–2–43）。

我是整理小能手

幼儿姓名[illegible]　班级[illegible]

整理书包	整理情况（涂色）	
3. 准备1–2件换洗衣服叠好放在干净袋子中。 准备好每天要戴的口罩，并放一干净的袋子在书包装口罩。 脏衣服放在书包中间袋子，放学家主动拿出来。 每天清洗水壶。 备好教师交代的其他需要的东	日期	
	5月10日	★★★★★
	5月11日	★★★★★
	5月12	★★★★★
	5月13	☆☆☆☆☆
		☆☆☆☆☆

色☆为继续加油；涂黄色☆为一级棒；涂红色☆为超级棒！

图6–2–42　家长和孩子一起对自主整理书包的情况进行自我评价

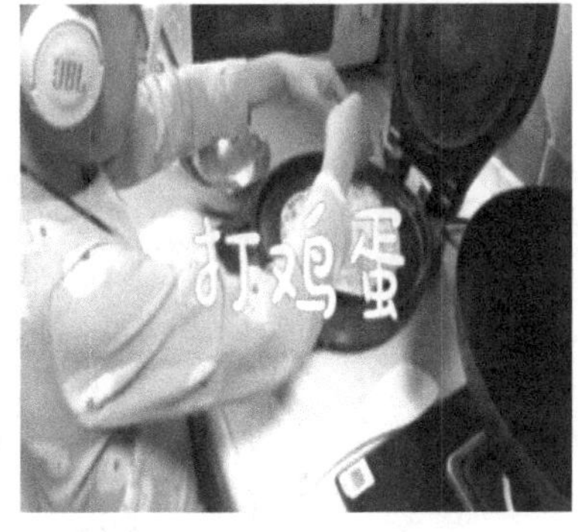

图6–2–43　自己动手做手抓饼

（三）社会适应——小学零距离　成长初体验

“小学是什么样？”“小学老师和幼儿园老师有什么不同？”在茁壮周计划中，孩子们提出了对小学生活的好奇和向往。为了让幼儿熟悉小学环境，进一步了解小学生活及日常行为规范，以积极的心态迎接小学生活，我和孩子们设计了采访小学老师、采访一年级学生、参观小学等任务，通过问一问、看一看、画一画等方式去探索和记录自己的收获（图6–2–44）。

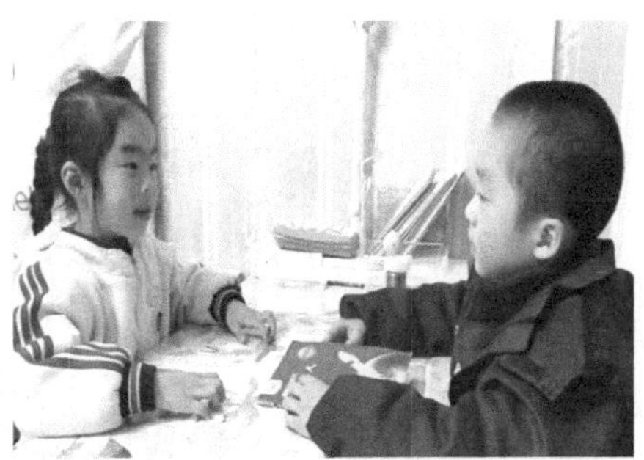

图6–2–44　采访小学老师和一年级学生

衔接无缝、教育无痕。通过一系列体验活动，孩子们亲眼所见、亲耳聆听、亲身体验，近距离了解了小学生活与幼儿园生活的不同，满足了幼儿强烈的好奇心，让他们感受到了小学生活的无限魅力，更激发了他们对成长的期待和美好的向往，同时也为幼儿适应小学生活做好了充分的心理准备（图6–2–45）。

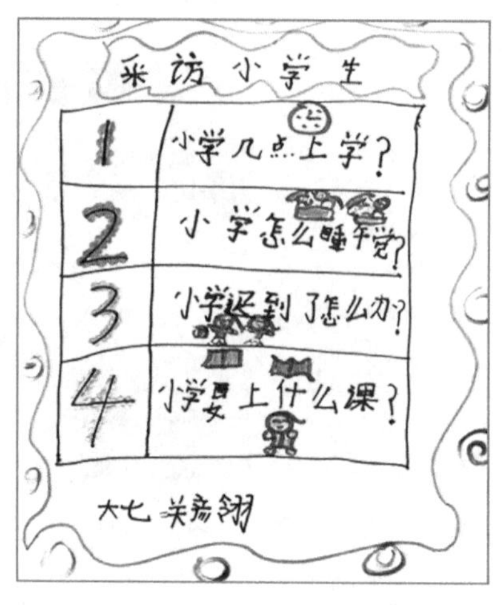

图6–2–45　采访记录表

（四）学习品质——书香浸润童心　阅读储蓄成长

阅读，是开启孩子智慧的光，是孩子翱翔世界的翅膀。为进一步激发幼儿的阅读兴趣，提升幼儿自主阅读能力及动手能力，我们和小朋友在“茁壮周计划”中共同设计了“阅读之星”“自制图书”的任务，幼儿通过亲子共读、同伴共读、自主阅读等方式积累阅读存折（图6–2–46）。

图6–2–46　阅读存折

三、案例成果——结“茁壮”之果

“茁壮周计划”的实施，孩子的自身能力得到发展（表6–2–2），获得了家长的支持与好评（图6–2–47），也使教师积累了更多的教学经验（图6–2–48）。

表6–2–2　幼儿自身能力的发展与提高

领域	“茁壮周计划”部分任务	我们的收获
健康	1.趣味擂台 2.使用筷子吃饭 3.学做眼保健操 4.记录起床和睡觉的时间 5.夹豆子比赛 6.扎头发 7.雨衣穿脱比赛	体能发展 身体协调 动作灵敏 自我保护 习惯养成
语言	1.说一说幼儿园最难忘的事 2.分享最喜欢的书 3.想对老师和同学说的话 4.说一说小学的好 5.采访小学生、教师 6.我来讲故事	乐于倾听 敢于表达 积极回应 专注阅读
社会	1.学做一道简单的菜 2.整理书包 3.参观小学 4.我是小小值日生 5.红领巾的故事	人际交往 任务意识 规则意识 团结协作 自尊与自信
科学	1.帮助小明 2.服务区里商品多 3.入园签到 4.班级人数点数 5.按数取点心	好奇好问 探索发现 逻辑思维 数的概念 时间与空间
艺术	1.设计毕业典礼 2.我的毕业照 3.我心中的小学 4.毕业歌 5.自制图书	大胆想象 乐于创作 观察模仿

图6-2-47　家长对"茁壮周计划"的感受

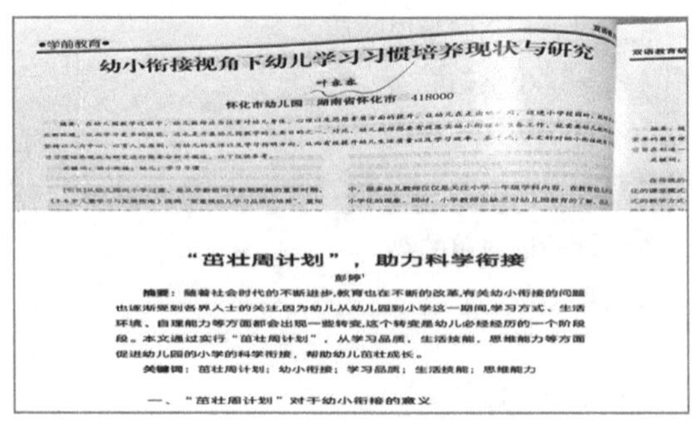

•学前教育•

幼小衔接视角下幼儿学习习惯培养现状与研究

叶春春

怀化市幼儿园　湖南省怀化市　418000

"茁壮周计划"，助力科学衔接

彭婷[1]

摘要：随着社会时代的不断进步,教育也在不断的改革,有关幼小衔接的问题也逐渐受到各界人士的关注,因为幼儿从幼儿园到小学这一期间,学习方式、生活环境、自理能力等方面都会出现一些转变,这个转变是幼儿必经经历的一个阶段段。本文通过实行"茁壮周计划"，从学习品质、生活技能、思维能力等方面促进幼儿园的小学的科学衔接，帮助幼儿茁壮成长。

关键词：茁壮周计划；幼小衔接；学习品质；生活技能；思维能力

一、"茁壮周计划"对于幼小衔接的意义

图6-2-48　教师的经验成果

四、案例感悟——回"茁壮"之味

当孩子踏入幼儿园的那一刻开始，其实我们的幼小衔接也就拉开了序幕，平等和谐的环境、尊重接纳的氛围，让孩子更加愿意融入大的集体中。茁壮周计划我是劳动小能手、阅读存折储蓄成长、模拟小学课堂等活动的开展能够让孩子们更加自信，更愿意展现自我。故事大王比赛、整理书包等活动，幼儿之间通过互相比赛、观赛，让孩子从心底里欣赏他人、赞许他人，也能客观地对待自身的学习与生活。他们喜欢阅读，喜欢探索，有好奇心，有主动性，遇到问题可以和同伴、成人进行商讨。层层递进的活动深入挖掘了孩子们探索与创造的原始本能，培养了孩子们积极主动、认真专注、不怕困难、敢于探究和尝试、乐于想象和创造等良好的学习品质。

幼小衔接从来都不是一蹴而就的，而是持续有序开展的，更是贯穿于三年的幼儿园生活，是家、园、校与孩子共生共长的快乐旅程。愿我们在幼儿成长的每个阶段，始终追随幼儿、贴近幼儿，用一颗赤诚之心迎接幼儿每一次成长，幼小衔接，我们一直在路上。